财富教养

富人为何努力追求教养

[日] 加谷珪一 著　魏海波　赵静玮　徐蕴嘉　译

上海远东出版社

图书在版编目(CIP)数据

财富教养:富人为何努力追求教养 / [日]加谷珪
一著;魏海波,赵静玮,徐蕴嘉译. --上海:上海远
东出版社,2018
(走进日本)
ISBN 978 - 7 - 5476 - 1436 - 5

Ⅰ.①财… Ⅱ.①加… ②魏… ③赵… ④徐… Ⅲ.
①家庭教育 Ⅳ.①G78

中国版本图书馆 CIP 数据核字(2018)第 293904 号

图字:09-2018-1225 号
OKANEMOCHI WA NAZE 'KYOUYOU' WO HISSHINI MANABUNOKA
Copyright © 2017 Keiichi Kaya
All rights reserved.
First original Japanese edition published by Asahi Shimbun Publications Inc., Japan.
Chinese (in simplified character only) translation rights arranged with Asahi Shimbun Publications
Inc., Japan.
Through CREEK & RIVER Co., Ltd. and CREEK & RIVER SHANGHAI Co., Ltd.

本书中文简体字版由 Asahi Shimbun Publications Inc., Japan 授权上海远东出版社独家出版。
未经出版者许可,本书任何部分不得以任何方式复制或抄袭。

策　　　划	曹　建
责任编辑	徐婧华　王　杰
封面设计	陈　楠
美术编辑	李　廉

财富教养
——富人为何努力追求教养

[日]加谷珪一　著　　魏海波　赵静玮　徐蕴嘉　译

出　　　版	上海遠東出版社
	(200235　中国上海市钦州南路 81 号)
发　　行	上海人民出版社发行中心
印　　刷	上海信老印刷厂
开　　本	890×1240　1/32
印　　张	5.5
字　　数	130,000
版　　次	2019 年 3 月第 1 版
印　　次	2019 年 3 月第 1 次印刷
	ISBN 978 - 7 - 5476 - 1436 - 5/G • 909
定　　价	38.00 元

"走进日本"丛书编委会

主　　编　雪晓通

执行主编　魏海波

编　　委　彭　宪　杨本明　马利中
　　　　　陈祖恩　章慧南　章小弘

关注日本，研究日本

卢明明

打开世界地图，在中国的东北方向有个由一连串大小迥异的岛屿构成的国家，它就是我们两千余载的近邻，又曾是我们一百来年的宿敌。

一、中国如何看日本

曾经饶有兴致地上网搜索古今中外要人对日本的评价，赫然呈现如下信息：

中国清朝康熙皇帝曰："倭子国，最是反复无常之国。其人，甚卑贱，不知世上有恩谊，只一味慑于武威……"

法国孟德斯鸠云："日本人的性格是非常变态的。在欧洲人看来，日本是一个血腥变态、嗜杀成性的民族。日本人顽固不化、任性作为、刚愎自用、愚昧无知，对上级奴颜婢膝，对下级凶狠残暴。日本人动不动就杀人，动不动就自杀。不把自己的生命放在心上，更不把别人的生命放在心上。所以，日本充满了混乱和仇杀。"

戴高乐总统谓："日本，这是一个阴险与狡诈的残忍民族，这个民族非常势利，其疯狂嗜血程度类似于欧洲中世纪的吸血鬼德库拉，你一旦被他看到弱点，喉管立即会被它咬破，毫无生还可能。"

美国富兰克林·罗斯福总统称："日本人是有史以来我见过的最卑鄙、最无耻的民族。"

巨富约翰·D·洛克菲勒说："日本人除了复制别国科技外一事无成，它何曾独立为世界文明作过贡献，充其量只是个工匠型的二流民族而已。"

据日本《朝日新闻》2016 年 5 月 3 日报道，公益财团法人的新闻通信调查会"于近日"对外公布其在美国、中国、韩国、英国、法国及泰国共六个国家所实施的"有关日本媒体舆论调查"，结果显示，中国受访者对日本的负面和正面看法分别为 90% 和 5%。

每逢"九一八""七七"等中国的国耻日、纪念日，以及中日两国因钓鱼岛问题勾起纠纷时，大批中国民众就会异常激愤地在网上对日本口诛笔伐。

不言而喻，中国人民在 19 世纪末至 20 世纪中期遭受并抵御日本侵略的战争中备受戕害。战争结束后，中日两国在 20 世纪 70 年代恢复邦交，并曾一度建立起相当密切的交往合作关系。遗憾的是，两国关系近年来发生逆转，持续低迷。

　　从我们的历史记忆和现实视野中,对于这个国土窄小但颇具能量的国家,似应注意到这样两个侧面:

　　一面,因为与清、俄两回格斗,自战胜而狂,悍然撕咬亚洲各国,并在整个世界恣肆掀起腥风血雨,四邻与之结成深仇大恨。

　　还有一面,虽因吞虎吞象一朝摧折,却缘战败而强,决然革新体制结构,激励全体国民迅捷复兴社会经济,一跃而为经济强国。

　　对于日本这个长久的近邻和曾经的宿敌,我们理应格外关注和深入研究。值得注意的是,日本绝不是能用唾沫淹之的"蕞尔小国"。

　　知己知彼不仅是战场、商场争斗的必要条件,也是人际、国际交往的基本前提。事实上,迄今为止,我们对这个国家的认知似可以一言蔽之:眼中茫然,梦里依稀。

　　众所周知,中国知有日本乃始于《山海经》。以后历代正史大多设有日本传记,至明清,叙述稍详。但所有这些著录都不免停滞在浅表层面。恰如陈舜臣先生所言:"过去中国人了解日本,主要是从旅行者、九州古代政权的使者那里听来的。不论是关于理论,还是关于现实,都是很遥远、很朴素的传闻。"

　　直至近现代,自黄遵宪的《日本国志》、戴季陶的《日本论》、王芸生的《六十年来中国与日本》、蒋百里的《日本人:一个外国人的研究》等寥若晨星的专著问世,才开始改变对日本"知其一不知其二,见其外不识其内"的粗略认知。

　　作为戊戌变法重要参与者的黄遵宪,堪称高度关注、系统研究日本的中华第一人。在他就任驻日参赞官期间,亲见明治维新通过一系列制度改革而使日本富强的事实，"乃信其改从西法，革故取新，卓然能自树立"。因此，黄遵宪花费八九年时间，精心编写了以介绍制度为主的《日本国志》，以"质之当世士夫之留心时务者"，纠正国人对日本的模糊观感。

他所写的《日本国志》共40卷、50余万字，分《国统》《邻交》《天文》《地理》《职官》《食货》《兵》《刑法》《学术》《礼俗》《物产》《工艺》共十二志。书中对明治维新相关内容记述颇详。全书除《国统》《职官》《邻交》《学术》等志略述古代内容外，其余全部记载明治维新历史。书中以"外史氏曰"的方式来阐述他本人对这场变革的研判，且推及中国。

但因清廷高层颟顸，黄遵宪《日本国志》一书出版竟搁置十年之久，迨至甲午战败才得以问世。梁启超因之甚为痛惜，倘《日本国志》能及时出版，就不至"令中国人寡知日本，不鉴，不备，不患，不悚，以至今日也"。

此书甫一出版，洛阳纸贵，广受热捧，在戊戌变法时期对光绪皇帝及朝野维新人士影响甚巨，一时间引发了学习强敌日本的思潮。不少人甚至倡言聘用日本人伊藤博文担任朝廷改革顾问，贵州举人傅燮干脆奏请"留伊藤为相，以行新政"。

后来，尽管发生戊戌政变，以慈禧太后为核心的清朝统治集团对于明治维新的兴致却未衰减。1905年，为缓解统治危机，清廷想效仿君主立宪，派出两个高级代表团，分别前往日本和欧美等国考察政治。立宪派重要代表、镇国公爱新觉罗·载泽乃率团亲赴日本考察立宪制度。直到清朝解体，这波高潮才渐消退。

十九年后，留学、旅居日本多年的戴季陶鉴于"中国人对于日本,总抱着一个'我们是文化的先进国'的历史心理","对于日本的社会,观察错误和判断错误,是很普遍的",他警醒国人:"你们试跑到日本书店里去看,日本所做关于中国的书籍有多少?哲学、文学、艺术、政治、经济、社会、地理、历史各种方面,分门别类的,有几千种。每一个月杂志上所登载讲'中国问题'的文章,有几百篇。参谋本部、陆军省、海军军令部、海军省、农商务省、外务省,各团体、各公司,派来中国长驻调查或是旅行视察的人员,每年有几千个。单是近年出版的中国丛书,每册在五百页以上,每部在十册以上的,总有好几种;一千页以上的大著,也有百余卷。'中国'这个题目,日本人也不晓得放在解剖台上解剖了几千百次,装在试验管里化验了几千百次。"他认为,"实在日本这一个民族,他的自信心和向上心,都算是十分可敬"。并且嗟吁:"我们中国人却只是一味地排斥反对,再不肯做研究工夫。"戴季陶为此奋笔撰成《日本论》,从宏观角度揭示日本的文化传统与社会性格,并从具体的神学理论、军政首脑个性、外交关系事件等微观角度剖析。

　　1937 年 8 月,民国时期著名军事学家蒋百里撰写了《日本人:一个外国人的研究》,严厉批判日本民族是"一个原来缺少内省能力、缺少临时应用能力的急性的民族","原是崇拜外国人的"。但也认可其"很能研究外国情形。有许多秘密的知识,比外国人自己还丰富"。最后引用一位德国长者的告诫"胜也罢,败也罢,就是不要同他讲和"。

　　由此以降,斗转星移,相似成果,不复见矣。

　　近年来,虽有学者文人撰写若干介绍、研究日本的著述,但仍显管窥蠡测之陋、凤毛麟角之稀。

二、其他国家如何看日本

至今,对日本研究最为透彻的国家当首推美国。其中有两位专家影响最大,即露丝·本尼迪克特和埃德温·赖肖尔。

第二次世界大战临近尾声时,为制定对日最后决策,美国政府动员各方专家研究日本,提供资料和意见,其中就包括人类学家本尼迪克特。她根据文化类型理论,运用文化人类学方法,把战时拘禁在美国的日本人作为调查对象,同时大量参阅书刊和日本的文学、电影,完成报告。其结论是:日本政府会投降;美国不能直接统治日本;要保存并利用日本原有行政机构。1946 年,她将自己的研究成果整理出版,取名《菊与刀》,向世界全方位介绍日本的历史、文化、民俗、宗教和制度,旨在"为了对付敌人的行动,我们必须要理解敌人的行为","我们必须努力弄清日本人思想、感情的脉络,以及纵贯这些脉络之中的特点和规律,了解他们在思维和行动的背后所隐藏的强制力"。

接着,长期批评美国政府对亚洲文化,特别是对日本文化陷于无知泥淖的学者赖肖尔连续发表学术著作,并不时举办教育讲座,以促进美国对日本文化的了解。后来,约翰·肯尼迪总统任命他为驻日大使。赖氏在任期内获得巨大成功,有效增进了美日两国的关系。

赖肖尔在这方面的研究成果有同费正清合著的《东亚:伟大的传统》(1960 年),以及《日本:一个民族的故事》(1970 年)、《日本人》(1977 年)和《1907—1982 年的日本社会》(1982 年)等。

在这些研究者眼中,日本人和日本文化具有相当的独特性。

一方面,"日本人围绕着禅宗形成了一整套系统的审美观点,这些思想观念成为日本文化的永恒因素。日本人认为纤细、简单、自然乃至奇形怪状,比庞大、壮观、造作和整齐划一珍贵"。另一方面,"日本人生性极其好斗而又非常温和,黩武而又爱美,倨傲自负而又彬彬有礼,顽梗不化而又柔弱善变,驯服而又不愿受人摆布,忠贞而又易于叛变,勇敢而又怯懦,保守而又十分欢迎新的生活方式。他们十分介意别人对自己的行为的观感,但当别人对其劣迹毫无所知时,又会被罪恶所征服。他们的军队受到彻底的训练,却又具有反抗性"。

具体而言,表现在这样几个方面。

1. 文化素质方面

(1) 善于学习

"他们保留了自己的文化特性,而且还显示出他们确实是一个具有非凡创造能力的民族";"一贯重视非物质资源";"善于吸取别国的先进技术和文化"。

(2) 崇尚教育

日本人从一开始就非常重视基础教育,从而确立了牢固的民族国家和高等教育的基础,"是世界上受到最优秀教育的民族,任何国家都无法与之相提并论"。

(3) 遵从集体

日本人具有酷爱成群结队的天性,"集团主义是日本民族的性格特征"。"建立了对于小团体和整个国家都是非常珍贵的团结。

日本企业的成功,极为依赖这种团结。而集体意识是日本民族力量的核心"。

为了使团体制度成功地运转,日本人认为应该明智地避免公开对抗。为了避免冲突并维护集体的团结,日本人广泛运用中间调停的办法,"尽量减少直接竞争的做法,贯穿于日本人的全部生活"。所以他们不喜欢打官司,宁愿接受仲裁和妥协,"诉诸法庭是走投无路的办法"。

(4)重视等级

日本人认为等级制度是天经地义的,身份地位举足轻重,但是阶级意识和实际的阶级差别极其单薄和微弱。他们对等级制的信赖是基于对个人与他人以及个人与国家之间的关系所持的整体观念。但是他们并非无条件地承认等级制的优越,习惯运用一些明确的手段以调节制度,使之不致破坏公认的常规。

在家庭以及人际关系中,年龄、辈分、性别、阶级决定着适当的行为。在政治、宗教、军队、产业等各个领域中,都有十分周到的等级划分,无论是上层还是下层,一逾越其特权范围,必将招致惩罚,充分体现了"各得其所,各安其分"的信条。

同样,日本人在看待国际关系的全部问题时也都带着等级制的观念。

(5)讲求修养

日本的教养要求任何动作都要文静,每一句言辞都要符合礼貌。自我修养的概念大致可分为两类:一类是培养能力;另一类则不仅培养能力,而且要求更高,通常称之为"圆熟"。它是指在意志与行动之间"毫无障碍,纤发悉除"的体验。它不仅使人们能够最有效地应付任何局面,用力不多不少,恰如其分,也能使人控制恣意妄为的自我,不躁不乱,无论遇到外来的人身危险或内心的激动,都不会失去镇定。

在日本,要在家里学习礼仪并细致地观察礼仪。母亲背着婴儿时就应当用手摁下婴儿的头,教其懂礼节。幼儿摇摇晃晃会走时,要学的第一课就是学习尊敬父兄。妻子要给丈夫鞠躬,子女要给父亲鞠躬,弟弟要给哥哥鞠躬。女孩子则不论年龄大小,要向哥哥和弟弟鞠躬。

(6)通达应变

"日本人已经证明自己是一个生机勃勃、充满活力、能适应快速的有目的变化的民族",对于变化着的外部局势的反应极其敏锐,能迅疾判断形势,把握时机,迎接挑战。"一旦他们选择了一条路就会全力以赴,如果失败了,就顺理成章地选择另一条路",他们认为采取了某个行动方针却未能实现目标,就会把它当作失败的主张加以抛弃。

2. 道德素质方面

日本人的人生观表现在他们的"忠、孝、情义、仁、人情"等德行规定之中。他们认为,"人的义务的整体"像在地图上划分势力范围一样分成若干领域。用他们的话来说,人生是由"忠的世界""孝的世界""情义的世界""仁的世界""人情的世界"及其他许多"世界"组成的。

(1)忠君守法

日本人"忠"的对象转向具体的人,并且特指天皇本人。从丧葬到纳税,税吏、警察、地方征兵官员都是臣民尽忠的中介。

9

当 1945 年 8 月 14 日日本投降时，日本人的"忠"在全世界显示。在天皇尚未宣布投降之前，反对者们围住皇宫，试图阻止停战诏书的宣布。但停战诏书一旦宣布，他们就全都服从了。

（2）行孝敬祖

日本的"孝道"只是局限于家庭内部，充其量只包括父亲、祖父，以及伯父、伯祖父及其后裔，其含义就是在这个集团中，每个人应当确定与自己的辈分、性别、年龄相适应的地位。孝道是必须履行的义务，甚至包括宽待父母的恶行或失德。

其祖先崇拜只限于记忆中的祖先。祖先墓碑上的文字，每年都要见新，若是已无记忆的祖先，其墓碑就无人过问，家里佛龛上也没有他们的灵位。他们注重的是现时现地。

（3）重义推诚

"在日本，'义'是靠承认一个人在互欠恩情这张巨网中的适当地位来维持的，这张网既包括其祖先，也包括其同代人。"

日本人对老师、主人负有特殊之恩。他们都是帮助自己成长起来的人，对自己有恩，将来也可能在他们有困难时要答应他们的请求，或对他们身后的亲属给予特别照顾。人们必须不遗余力地履行这种义务，而且这种恩情并不随着时间弥久而减轻，甚至时间越久，恩情越重，形成一种"利息"。所以日本人不喜欢随便受恩而背上人情债。

在日本，自尊心则是与报答施恩者联系在一起的，把不能报恩的人视为"人格破产"。

在道德方面强调"诚"，"是指热诚地遵循日本道德律和日本精神所指示的人生道路"。"诚"这个词经常用来赞扬不追逐私利的人,也经常被用来颂扬不感情用事。

（4）知耻自律

日本人把羞耻感纳入道德体系。不遵守明确规定的各种善行标志,不能平衡各种义务或者不能预见偶然性的失误,都是耻辱。他们认为,知耻为德行之本。任何人都应注意社会对自己行动的评价。他们须推测别人会作出何种判断,并针对别人的判断来调整行为,其"共同特点是以操行毫无缺陷而自傲"。

他们热衷于自律和磨炼毅力,"没有任何民族比日本人更重视自律"。日本人说"自重",意思是自我慎重,自重常常意味着克制。

再有,面对无法完成的复仇目标,他们往往会倾向于毁灭自己,以"保证尊严和荣誉不被践踏"。

（5）适情享乐

他们追求享乐,尊重享乐,但享乐又必须恰如其分,不能侵入"人生重大事务",不能把享乐当作严肃的生活方式而纵情沉溺。他们把属于妻子的范围和属于享乐的范围划得泾渭分明,两个范围都很公开、坦率。

3. 心理素质方面

（1）感情深沉

他们尽可能地掩藏自己的感情,无论喜怒哀乐,都尽量对人笑脸相迎。

（2）坚韧不拔

日本人既有一种宿命论的思想,承认自然界可怕的威慑力量,也有一种坚强的毅力,在灾难发生后重振旗鼓、发愤图强。一个由自制自律而又意志坚强的个人组成的社会能产生一种动力。据此可以解释这个民族所展现出的奋斗精神和雄心壮志。

（3）冒险挑战

他们崇尚武力，热情洋溢，激动好斗，骨子里带有天然的侵略性。

（4）谨小慎微

日本文化反复向心灵深处灌输谨小慎微，轻易不结交新朋友。但一旦成为朋友，友谊也能牢固地保持下去。

他们的精神高度紧张，唯恐失败，唯恐自己付出巨大牺牲后从事的工作仍不免遭人轻视。有时会爆发积愤，表现为极端的攻击行动。

4. 劳动素质方面

他们勤奋工作，能充分地利用每一平方英尺的可耕地，绝不浪费一点点土地。

5. 身体素质方面

他们很重视锻炼，其传统包括最严酷的冷水浴。这种习惯往往被称作"寒稽古"（冬练）或称"水垢离"（冷水洗身锻炼）。

至20世纪80年代，日本已成为世界上平均寿命最长的国家。

总而言之，日本民族实在是个具有诸多长处的民族。

三、研究、学习和超越

大多数人也许并不知道，在戊戌变法期间和辛亥革命前后，日本政要及民间人士曾经大力救助过维新派与革命派志士！

　　1898 年 9 月 21 日，慈禧太后重新"临朝训政"，立即下令逮捕康氏兄弟等维新派官员。梁启超前往日本使馆请求避难。日本公使林权助请示伊藤首相，伊藤指示："那么就救他吧！救他逃往日本，如至日本，由我来照顾他。梁这位青年，对中国来说，实在是宝贵的人物。"林于是将梁秘密送往日本。不久，康有为、黄遵宪等亦在伊藤等人帮助下，先后到日本避难。之后，伊藤还应英国公使要求，亲往李鸿章宅邸，为已经被捕的维新派官员张荫桓求情。

　　孙中山在日本期间，也多次受到日本方面援助。1913 年 8 月，孙中山等革命党避难日本，袁世凯曾向日本方面提出过驱逐孙的要求，却遭婉拒。正是在日本政府着意庇护之下，孙才得以同日本各大财团、民间人士、大陆浪人组织，以及军部、参谋本部人士进行广泛联络，以筹措资金、组织人员、整合力量。于是乎，日本一度成了"中土"革命派培养、酝酿革命力量的温床和基地。

　　审视日本近一个半世纪来的发展历程，不能不认识到，正是明治维新为这个国家走向近代化和现代化、自立于世界奠定了厚实的路基，提供了巨大的动能，并造就了优异的禀赋。

　　从这场改变日本国运的改革浪潮中，我们发现这个国家拥有的宝贵素质。

第一，奋迅灵动的学习素质。

　　正如赖肖尔所言，日本人"对于中国，对于其他民族，从未丧失过研究的兴趣，也从未停滞过研究、思索的步伐。他们的做法是：研究、学习，然后超越"。他们尊奉"不耻效人，不轻舍己"的学习观，既勤于模仿别人，又善于在学习、吸收外国文化的同时仍保持自己的文化个性，亦即"能合欧化汉学熔铸而成日本之特色"。

戴季陶指出，日本明治维新的建设"并不是靠日本人的智识能力去充实起来，而是靠客卿充实起来的。军队是德国人替他练的，军制是德国人替他定的。一切法律制度，在最初一个时代，差不多是法国的波阿索那德顾问替他一手造起的。然而指挥、统制、选择、运用，都是在日本人自己"。

相反，几乎在同一国际背景下，而且先于日本启动的、以学习和引进西方长技为中心内容的大清洋务运动，则继承了中国历代大一统专制王朝枯僵的文化、政治基因，"畏天命，畏大人，畏圣人之言"，"法先王"，"遵守祖宗旧制"，束缚于"中学为体，西学为用"的桎梏中，"一切政教风俗皆不敢言变更"。李鸿章等重臣偏狭肤浅地以为，"中国文武制度，事事远出西人之上，独火器万不能及。……中国欲自强，则莫如学习外国利器，欲学习外国利器，则莫如觅制器之器，师其法而不必尽用其人"。倒是通商大臣张树声看得比较透彻，他认为西方国家"育才于学堂，论政于议院，君民一体，上下同心，务实而戒虚，谋定而后动，此其体也。轮船火炮，洋枪水雷，铁路电线，此其用也。中国遗其体而求其用，无论竭蹶步趋，常不相及。就令铁舰成行，铁路四达，果足恃欤"。

光从西方引入"战舰之精""机器之利"等细枝末节，忙活了三十来年的"同光新政"，终于免不了"掘井九轫而不及泉，犹为弃井也"的结局。

第二，通达务实的体制素质。

胡汉民在为戴氏《日本论》所写的序中曾这样评议："日本之一大飞跃，只是指导者策划得宜，地球上任何邦国，没有像日本指导员和民众两者间智力教育、思想、伎俩悬隔之大的，而能使治者与被治者之间无何等嫉视,不缺乏同情,就是指导者策划实施一切得宜,他们遂能成就此之当世任何大政治家毫无逊色的大事业。"

明治时期建立了国会。从那时起,日本政府就已形成了"由集团而非个人进行领导的优秀传统","从来没有出现过独裁者,也从来没有人企图攫取这种权力","对独裁权力乃至领袖权威的反感和对群体合作的强烈偏爱,构成了日本政治遗产的特征"。领导人"总是组成一个集体,轮流负责各种行政事务","日本人不是在高层由个人决策,而是同部属进行广泛的非正式协商,产生一致意见","他们也明白,国家不能只局限于政府少数人的专制"。吉田茂高度赞赏"明治时期的领导者们,以天皇为中心,从自己强烈的责任感出发保存了决定权,尤其关心如何来吸取国民的活力并且怎样加以运用"。

1868 年,明治天皇颁布了"五条誓文":"一、广兴会议,万机决于公论;二、上下一心,盛行经纶;三、文武一途以至庶民,各遂其志,人心不倦;四、破旧有之陋习,基于天地之公道;五、求知于世界,大振皇基。"由此明确宣示了整个国家管理的准则。

回看居傲鲜腆的中国专制政权,其任何关键决策,必须恭请圣谕、圣旨,惟蛰居深宫大院的最高统治者马首是瞻。这种决策体制的荒唐在于:因"天泽极严,君臣远隔","自内而公卿台谏,外而督抚,数百十人以外,不能递折",故"虽有四万万人实数十资格老人支柱掩塞之而已"。身处控制中心的最高决策者凭借这样的信息通道,根本无法及时、准确地了解国家真情实况,以致"民之所欲,上未必知之而与之也;民之所恶,上未必察之而勿之施也"。企盼

"英明"决策,无异缘木求鱼!而且,因群臣百姓不敢"妄议朝政",在决策实施过程中,对目标的偏离,不仅得不到迅速纠正,而且反而会不断加强,直至出现重大失误,才有可能被最高决策者感知。随之作出剧烈反应,于是引起社会振荡。

如赖肖尔所见,日本人从过去遗产中得到的"重要的政治财富,是政府具备伦理道德基础的强烈意识"。

应当承认,日本统治集团的抱负从不拘囿于政权利益,而是始终放眼于民族利益和国家利益。他们的战略目标是"看见必定要造成新的生命,然后旧的生命才可以继续;必定要能够接受世界的新文明,才能够在新世界中求生存。在国内的政治上,他们更看得见一代的革命必定要完全为民众的幸福着力,必定要普遍地解放民众,才可以创出新的国家",旨在创造"为'人民的生活,社会的生存,国民的生计,群众的生命'而努力的历史"。

不仅如此,这种统治理念和施政行为已被广大国民所理解和接受,从而实现"上下同欲"。也正因如此,在一百多年中,无论经济、政治或军事如何跌宕起伏,整个国家总能体现"上下一心"、全力以赴。

反观顾盼自雄的大清,其所有重大举措从来罔顾民族、民生休戚,始终只为大清专制统治。

在甲午战争中,清廷一方面通过加征税赋维持军费,另一方面却不惜动用国库,耗费巨额银两为慈禧太后修园祝寿。可是参战清军治疗伤病的费用和营养费则要个人承担,战地医疗无法保障。专制政权这种视百姓为草芥,长期奉行的愚民、殃民政策,怎么可能获取战场对决的胜券?

第三，睿智忠谨的精英素质。

首先是政治精英。据戴季陶考察，日本的改革"并不是由大多数农民或者工商业者的思想行动而起，完全是由武士一个阶级发动出来的事业。开国进取的思想固不用说，就是'民权'主义，也是由武士这一个阶级里面鼓吹出来的"。

明治时期，一大批年轻的政治家、军事家和实业家得以进入政府决策集团。当16岁的睦仁登基时，"明治三杰"木户孝允、大久保利通、西乡隆盛的年龄分别为35岁、38岁、41岁，这四位核心人物的平均年龄仅为32.5岁。其余骨干人物，如板垣退助、三条实美、岩仓具视、井上馨、山县有朋、大隈重信、大村益次郎、伊藤博文和陆奥宗光等，合计平均年龄为32.6岁。可以毫不夸张地称，整个国家的领导是个"青年团"！联系古今中外列国历代改革案例，统治集团的年轻化乃是不可或缺的成功条件。

道理很浅显。社会改革说到底是思维方式与行动方式的更新。虽说年龄层次较低者难免在经验上有缺陷，但其感觉、知觉相对敏锐，富于想象和创新，思维和行动能力强盛。在社会发生巨大变动、传统经验价值明显衰减的条件下，与年龄层次较高者相比，他们更能适应社会运动的快速节奏。所以，在一切改革或革命中，成为运动主力和核心完全顺理成章。

明治政治精英"细心地在政治方面划清国家职能的领域，并在宗教方面划清国家神道的领域。他们把其他领域留给国民去自由行事。但是，那些他们认为直接同国家事务有关的统治权，作为新的等级制度的最高官员，他们是牢牢掌握在自己手中的"，"在每一个活动领域中，无论是政治的，抑或是宗教的、经济的领域，明治政治家们都在国家和人民之间定下了各自所属的'适当位置'的义务"。而日本官僚群体的忠谨、效率和诚实精神则充分保障了国家机器平稳、高速地运转。

其次是知识精英。吉田茂特别指出"改革的顺利推进,不仅仅依靠完成明治维新的领导者们,还有一部分人也发挥了重要的作用,他们就是其后出现的知识分子"。这些知识分子生活在德川时代末期,曾在幕府翻译部门担任职务或者在各藩研究西方情况。他们没有参加过明治维新的工作,但是,他们当中有像福泽谕吉那样从事近代化人才培养的事业,也有像大隈重信那样担任着官职,还有些像涩泽荣一样进入了产业界。他们虽然从事着不同的工作,但是他们有着一致的主张,那就是大胆引进西方的技术和学习西方制度。

对比大清,在政治精英和知识精英中能"放眼看世界"者凤毛麟角,像伊藤博文那样有治理行动力、福泽谕吉那样有思想辐射力的人几乎没有。即便有,也难成气候。

再次是实业精英。赖肖尔十分感慨,"许多发展中国家面临着日本曾经经历过的危机和灾难,但它们的领导人却以牺牲国民的利益为代价,在国外积累了大量的个人财富。但是从来没有一个日本人这样干过。无论是合法获得的,还是非法掠取的利润,都没有被隐藏到国外安全的地方,也没有挥霍在摆阔气的浪费中。这些金钱被重新投资于日本或其他地区的有益的民族事业中"。

相比之下,我们却不能不痛惜地反思,与大和民族奔逸绝尘的前进步伐背道而驰的是,中华民族自元朝以来七百多年间,由于几代统治者野蛮执政所铸就的严酷体制,导致了中国精英及整个民族素质的急剧退化、变异。人们常说"宋亡之后无中国,明亡之后无华夏",其源盖出于此!

进入 21 世纪,人类世界在日趋激烈的全面竞争中疾速发展。中国要复兴和驰骋,就必须像日本那样敢于、善于向对手和敌人学习、借鉴,彻底改良和提升体制和国民素质。

现在,一批 20 世纪 80 年代去日本留学的有识之士正在为我们全面了解、深入研究日本这个近邻而系统地选择一批反映日本社会、经济、文化的书籍,编成"走进日本"丛书。出版有关日本政治、经济、文化、科技等译著,这正是我们民族亟须重视的有关宏旨、无羞亟问的当紧事业。

戴季陶先生八十多年前留言:"要切切实实地下一个研究日本的工夫。他们的性格怎么样? 他们的思想怎么样? 他们风俗习惯怎么样? 他们国家和社会的基础在哪里? 他们生活根据在哪里? 都要切实做过研究的工夫。要晓得他的过去如何,方才晓得他的现在是从哪里来的。晓得他现在的真相,方才能够推测他将来的趋向是怎样的。……总而言之,非晓得他不可。"

而今这一期盼终于得到了强实践行,这是善举,也是盛举,更是壮举。我们拭目以待!

在通往富有的道路上，为何"教养"是必不可少的

"如果想变得富有，那么一定要将教养扎根在内心深处。"

这就是笔者在本书中特别想强调的一点。

大多数人认为教养和金钱是毫不相干的两码事，就算拥有教养，这对赚钱来说能起到什么作用呢？相反，也有一部分人刻板地主张只有纯粹的知识才能被称之为教养。还有一些人认为，为了能够与世界上的知识精英平等对话，那么知识是一定要具备的，因为知识也是一种教养。

但是，本书的主张与以上任何一个观点都不尽相同。人类生活与经济活动是紧密连接、无法割离的。因此，无论是处于人类生活的哪个领域，都会与金钱产生直接或者间接的联系。同时，金钱也会影响教养。换句话说，教养本身就是与经济活动分不开的。

古往今来,几乎没有任何一种教养能够脱离金钱而单独存在。

教养与行动结合起来可以催生财富

在进行日常社交时,我听闻 school 这个单词最早源于古希腊语中的 schole 一词(意为"闲暇")。的确,在古希腊时代,只有能够随意处置奴隶的特权阶层才有时间学习和交流知识。但是,从中世纪迈入近代社会后,只考虑知识却忽略金钱的人变得越来越少。由此可见,教养的市场价值登上了历史舞台。

哲学家尼采(1844—1900)曾撰写多部专著,但由于销量不高,一生都在穷困潦倒中度过。晚年的尼采患上精神疾病,照顾尼采衣食起居的重任就落在了他的妹妹伊丽莎白肩上。面对日常生活开销,迫于养家糊口,伊丽莎白不得不常常与出版商打交道。但是,曾经也有像休谟(1711—1776)这样的哲学家,写出了很多面向大众的浅显易懂的作品,他凭借好的销量取得了巨大成功。本书中提到的另一名哲学家萨特(1905—1980)也是一位曾写出多部畅销作品的哲学家。萨特虽然收入不菲,但是他热衷散财,导致晚年陷入贫困。也许在那些久远的时代中,教养与金钱的联系并不紧密。但是在当今社会,但凡谈及教养,就很难与金钱脱离关系。"获取财富"这个行为是人类活动中非常重要的一部分,也正因如此,教养作为知识活动的体现,就更加无法与金钱割离开来了。

近年来,知识活动与经济活动之间的关系越发密切,越来越多种类的教养能够更加简单地与金钱结合起来。本书中提到的金融工程学就是一个很好的例子。除此之外,与IT(信息技术)相关的教养,则可以与商业模型建立直接的联系。

针对本书中出现的"教养"一词,笔者赋予了它这样的含义——**人类运用综合性的知识和思维方式去看清事物的本质,当这些知识和思维方式与人类的人格和行动相结合时,教养便产生了。**

重要的是,我们应当如何将"综合性的知识和思维方式"与"人类的人格和行动"相结合?我认为单纯狭义的知识不能算作是教养,人类只有将广泛的知识与自身的行动有机结合起来,才能为教养的形成提供可能性。

所以,本书并不提倡大家单纯机械地将某些事实记在脑中,比如"某人在某年提出了某种主义",或者"某人在某年做了某事"。为什么不提倡这种做法呢?那是因为,虽然具备这些知识也是很重要的,但这种做法只能作为一种手段,帮助大家比较顺利地与对方交流自己所掌握的知识,而无法达到我们想要的目的。如果我们只是一味机械地背诵记忆,就很容易导致迷失目标。当自己只满足简单记忆时,往往会忽略对记忆在脑中的内容进行更深层面的思考。

当人们置身于一个学问至上的世界时,对学术价值的追求就是一件再正常不过的行为。但是如果有人认为,在追求学术价值之余也追求经济价值是一种低级行为的话,那么好不容易得出的知识见解就无法在经济活动中发挥作用了。所以我们常常会听到这种比较:一方是受到经费缩减的影响,常常陷入金钱短缺境地的日本大学教授;另一方是积极向私人企业销售研究成果,拿到特别许可并收获巨额财富的美国大学教授。换句话说，**其实我们可以把"教养"分成两种，一种是"促进生财的教养"，一种是"阻碍生财的教养"。**

比起掌握具体的知识，更重要的是，采取何种思维方式以及如何行动。可以试着联想一下赚钱这个行为，相信你会更加清楚自己应当"怎么想""怎么做"。

经济头脑是可以培养的

刚刚笔者提到，赚钱这一行为是人类活动中非常重要的部分，必然会与众多不同的要素产生联系。我想举几个例子来说明一下。"怎么样才能让客人满意并且消费呢？"这个问题包含心理学的要素。"存钱的概念是如何建构起来的呢？"这个问题涉及创造性的要素。"存钱的好处和坏处是什么呢？"要想解答这个问题就必须要考虑伦理性的要素。"如何应用最前端的科学技术呢？"这个问题就牵扯到革新性的要素。

简单地说，人类具备销售和存钱的能力，也拥有销售和存钱的直觉和头脑。但我想问，所谓具有直觉，或者说具有头脑，具体指的是什么呢？我认为它指的是，**拥有能够掌握对方意思的理解能力，拥有能够利用各种片段式的信息从而拼凑出事物整体面貌的想象能力，或者是，拥有能够看透事物背后运行法则的分析能力，等等，并且最终有能力把这些零散的能力综合起来。**在此基础上，个人要树立起指导自己如何行动的"信念"。这样一来，就可以更加顺利地运用现有的能力来实现自己的目标。

笔者的第一份工作是记者，之后又转行进入基金投资公司。得益于职业的原因，我有幸能够经常听到许多成功人士背后的故事。

英特尔公司创始人之一，提出半导体发展理论"摩尔定律"的戈登·摩尔是知识分子出身，同时也是一位富有教养之士。世界级电脑厂商戴尔公司的创始人迈克尔·戴尔和以主板设备闻名的华硕集团董事长施崇棠，他们虽然和摩尔活跃在不同的领域，但都是具有远见卓识的人物。

看了这些世界范围内的成功人士，再着眼日本的地方企业家、创造出巨额财富的个人投资家以及中小企业实业家，我们不难发现，在经济层面和社会层面取得成功的人士身上都具备一些共同的特质，那就是他们能够**一针见血地把握事物的本质，并将其投射到现实的行动中去**。那些在经济和社会层面取得成功的人士，哪怕他们本身并不具备翔实的专业知识，也能确切地掌握诸如他人的喜好、如何把最新技术商业化等诸如此类的最关键的内容，并能在工作中予以实践。例如，IT 企业的创始人未必是 IT 专家，但是，想要在 IT 领域获得成功，关键是要准确理解 IT 的本质。

优秀的销售并非只靠一味讨好客户就能拿到订单，他必须要看清销售这一行为的本质，并把他的理解体现在现实行动中。只有这样才能卖出更多商品。单纯的知识积累对于他们来说是不足以制胜的。

富裕阶层让孩子们都积极掌握的"武器"

每个人都有与生俱来的能力。有些人从一开始就具备能够看透事物本质的能力,也就是所谓的"天才"。本书中所提到的教养,就是一种能够让不是天才的人也能掌握这种能力的方法,它是一件可以长期维持自身所获得的财富和影响力的武器。学习这种教养的过程本身,也会产生一种收获智慧的快乐。

教养,在富裕阶层既是一种"爱好",也是一种"特权"。

笔者在辞去基金投资公司的工作后自己开始创业,赚到的钱只要不挥霍,即使不工作也够花一辈子。实践证明,笔者在商业方面并不具备天才般的能力。然而即便如此,笔者仍然获得了一定的成功,这都要归功于充分学习了帮助前文所述的成功人士创造财富的"教养"。

眼下什么行业会发展得如火如荼?哪个品牌会一马当先?诸如此类的最新信息只要一出现,就会被全世界知晓并蜂拥而至。因此,在可获得信息差不多的情况下,这些信息并不能发挥很大的作用(金融理论中称之为套利),而且市场趋势变化非常快,这些信息几乎没有长久使用的价值。

想要在经济和社会层面取得成功,不是意味着要获得快人一步的信息,而是要理解推动社会和经济发展的原理和法则。

有了这一层见解,就不会白白错失眼前的机会,并能够把机会转换为财富。这样一来,即使是资质平庸之辈也能获得相当的财产和一定的社会地位,并且能够将这些财富和影响力长期维持下去。

在为自己的孩子营造出一种能够学习这种"教养"的环境上,富人从来不吝惜投资。从各种统计中可以看出,富裕的家族会越来越富裕,不断拉开和一般家庭的贫富差距。我认为这就是为何富人们会努力学习教养的原因。

笔者在本篇开头写过,很多人认为有教养对赚钱来说没有任何意义。如果大多数人都抱有这种想法,那么对于重视教养的人来说,这反倒是绝佳的机会。当大多数人热衷于捕捉眼前的信息和获得上网就能查到的知识时,**如果能够掌握教养的本质,就能大大提高成功的可能性**。本书就是一本以此为目的的指南。

本书总共分为六章。第一章讲述了有关社会学的教养。人并不是与世隔绝独立生活的,而是要在社会的框架下进行商务和投资活动。因此,了解社会的结构是迈向成功最基本的前提。

第二章是关于经济学方面的教养。介绍了经济学方面的要素如何对商务和投资产生影响。也许,我们可以从对安倍经济学的解释中获得很多启示。

第三章是有关数学的教养。很多人对数学感到头痛,这是非常可惜的。然而数学本身并不是最重要的,重要的是对数学方面的敏感度。如果能拥有这种敏感,那么绝对能处于优势地位。

第四章是关于信息工程方面的教养。和数学方面的敏感一样,IT 方面的敏感对现代商业来说是不可或缺的。虽说没有必要为了了解 IT 而学习编程,但拥有这种敏感同样非常重要。

第五章是关于哲学方面的教养。财富是人与人交流的产物,如果缺乏对人的了解，就无法进行有效的沟通。要做到了解他人，哲学是大有裨益的。

第六章谈到了历史学方面的教养。历史是由人谱写的，是无数人行为的集合。如果想预测未来，就必须先了解历史。因此，成功人士往往努力学习历史知识。

仔细阅读本书，你就会明白，密切关注应该投资哪个领域或当下流行商品固然重要，但是比起关注诸如此类的眼前信息，更重要的是，具备"教养"才是一条通往商业投资胜利的捷径。

目　录

1 第一章

助你从白手起家到亿万富翁的社会学

谁才有可能成为富人

——新教伦理与资本主义精神

想要拥有财富,切忌单打独斗。经济活动是人类社会人与人之间来往交流的重要行为。因此,为了让每一步都走得有意义,就有必要先搞清楚社会是如何构成的。每一个向往成功的人一定都看过一些成功学书籍,但是如果想要活学活用其中的知识,就要先做功课去了解整个社会的结构。也就是说,**当你具备了社会学教养后,就意味着有了积累大量财富的基础**。暂且不论那些大富翁是否拥有学术性的知识储备,这些人无一例外都对社会多多少少有着一些基本的看法和认识。如果他们做不到这一点,那么一旦事情变得复杂时就很难妥善应对。

说到关于财富的社会学教养,我们最先想到的就是**马克思·韦伯**(Max Weber, 1864—1920)的理论。

资本主义的根本矛盾中蕴藏着商机

韦伯最有名的著作当属《新教伦理与资本主义精神》，该书经常出现在大学课程的讲义中，我相信应该有不少人曾埋头苦读过。书名 11 个字，比较长，所以通常我们称它《新教伦理》。

马克思·韦伯生活在普鲁士时代，是一名活跃在德意志联邦的著名社会学者，一生中发表过许多关于资本主义社会形成的著名的研究成果。总而言之，他的研究成果可以概括为回答一个问题：“需要整合哪些条件才能促成资本主义的发展？”

通常我们会将资本主义和拜金主义混为一谈。资本主义社会给人们的印象是每个人都在为了赚钱而竞相奔走，最终创建出发达的资本主义。然而韦伯却认为实际情况恰恰相反。韦伯曾提到，在对于金钱欲望和其他各种世俗欲望都持有宽容态度的地区（比如天主教区），那里的资本主义并不发达，反倒是受到新教影响较大、崇尚禁欲的地区（比如荷兰和美国）的资本主义更容易发达起来。换句话说，为了能够让资本主义发挥更大的作用，“资本主义精神”这种精神层面的东西是很重要的。而正是在普遍崇尚禁欲的社会环境下，这种精神才更容易被激发出来。

韦伯还认为，宗教改革先驱马丁·路德（Martin Luther，1483—1546）提出的“天职观”这一概念，以及在宗教改革中发挥了巨大影响的加尔文（John Calvin，1509—1564）的“救赎预定论”，都对资本主义的发展起到了巨大的推动作用。严格而保守的新教徒认为，“天职”是上帝赋予自己的使命，工作时要恪守一心不乱，最终就会迎来事业财富双丰收。但是，**崇尚禁欲主义的新教徒却并不会在生活中挥金如土，而是更加认真努力工作，凭着开源节流的生活自然而然变成了有钱人。**虽然加尔文是宗教改革的核心人物，但是他强制要求普通市民也要过禁欲的生活，并且抓捕反对派，对其动用火刑。韦伯的观点是，极端禁欲主义反而推动了资本主义的繁荣，对此他也做过详细解释（尽管现在有人对这种解释持反对意见）。

美国精英皆禁欲努力派

上文提及禁欲气氛浓重的国家时，列举了荷兰和美国。其实可能很多人并不认同我这一观点。在我们日本人的印象中，美国是一个堕落放纵的国家，而且美国人看起来就很开朗活泼。由于如今的美国是个移民国家，所以呈现出一副"人种大杂烩"的样子，这种印象是生存在这片土地上的各式各样的人共同营造而成的。所以一些日本人不认为美国有着禁欲的社会环境，也是理所当然。但不可否认的是，美国是世界上为数不多推行过禁酒令的国家，而且即使在今天，美国对于酒水管制的严格程度也与毒品不相上下。在精英阶层，这种严格禁欲的倾向十分显著。而且，在美国，精英的数量之多已经远超日本人的想象了。如果你有过和美国人共事的经验，那么一定会有深刻的感受。通常他们清晨 6 点或 7 点就已经有了日程安排，这对日本人来说是不可思议的吧。

而且，如果你乘坐美国国内航线的头等舱，会发现从候机厅到客舱内，有不少商务人士在飞机起飞前被客舱提醒要关掉手机，原因在于他们还在没完没了地向部下发出指令。但是在日本，我们通常看到的是喝着一杯啤酒优哉游哉准备去出差的商务人士，而这种情况在美国基本看不到。这一点也能体现出美国人的禁欲主义精神。

只有肩负使命感的人才能成功收获财富

从上述所举的美国精英的例子就能看出，韦伯的主张不仅适用于整个社会，甚至在一定程度上也适用于个人。换句话说，只要对财富有丝毫的渴望就有可能变得有钱。但是如果想拥有巨额财富，那么请先成为肩负使命感的人，只有如此梦想才更容易实现。

实际上，在日本富人中也不乏对人对己要求严格之人。这些人的明显特征是对金钱有追求欲，对事业有使命感。以"黑猫宅急便"闻名全国的大和运输公司前会长小仓昌男，就是一位抱有强烈信念，不断开拓事业，最终获得巨大财富的代表性企业家。小仓会长从父亲手上接管大和运输公司时，公司规模还很小。在那个时代，日本国内的运输行业的主流是面向企业客户提供大批量的货物配送服务，没有人看到面向个人用户的配送服务中潜藏着巨大商机。但是小仓会长发现了，提出要开拓面向个人用户的配送业务，却遭到了来自公司内部的一致反对，认为这并不是一个明智之举。然而小仓会长力排众议，这一举措的力量之源并非只是简单对金钱的渴望，更重要的是他心中那份服务于大众的使命感。作为实业家的小仓会长当然知道，如果这项新的配送业务开展顺利的话公司自然会盈利，但他也看到了个人用户处在配送服务的盲区，这会给民众生活上带来许多不方便。因此，这项业务的展开也是一桩造福大众的好事。此后,由于此业务的开展在一定程度上对日本邮局的业务造成了一些冲击,曾陷入与日本政府激烈交涉的局面,但小仓会长始终没有作出让步。从这件事上可以看出,小仓会长的确深感自己肩负着重大的使命感。此外,软银集团的创始人(Softbank)孙正义,优衣库(UNIQLO)的 CEO 柳井正,日本电产公司(Nidec)CEO 永守重信等大企业家都肩负强烈的使命感。这些人都承受着来自社会各界褒贬不一的评论,但仍不为所动,可谓是拥有坚不可摧信念的人物。

LEARNING

【"天主教会"和"新教教会"】

天主教会是在罗马帝国东西分裂后,以西罗马帝国为中心发展起来的世界最大的基督教会。由于反对天主教会维持原本形态,在 16 世纪宗教改革时从天主教会中分离出来的是新教教会。

资本家为何精挑细选朋友

——情感共同体与利益社会

上文提到的马克思·韦伯来自德意志联邦,这个地区社会学家辈出。正因如此,有很多重要的社会学专有名词都源于德语。接下来我将提到两个德语词,一个是"Gemeinschaft"(意为

"情感共同体"），一个是"Gesellschaft"（意为"利益社会"）。在积累财富的过程中，这两个词是非常重要的，有必要多加思考。

能帮你赚钱的社群与不能帮你赚钱的社群

在这个世界上，社群可以分为能帮人赚钱的社群和不能帮人赚钱的社群。大多数成功的人都会信奉"多结交成功的人"和"杜绝无效社交"。也就是说，其实这世界上存在可以帮助人赚钱的社群，身处其中的人容易变得富有。这些话虽然凭直觉不难理解，但是要究其原因的话，就并没那么容易解释了。但是如果能搞清楚"情感共同体"和"利益社会"这两个概念的话，就会帮助你理解其中的奥妙。

"情感共同体"和"利益社会"是由德国社会学家**滕尼斯**（Ferdinand Tönnies，1855—1936）提出的概念，是根据人们之间通过两种不同的相互关系，将人类社群划分成两种不同的社群形态。"情感共同体"，也被称作"共同体组织"，指的是人类根据地缘血缘等人际关系自然而然形成的社群。日本的农村型社会就是典型的共同体组织。然而，"利益社会"却是完全相反的一个概念。它指的是，人们出于相同或类似的目的，通过采取合理的方式，人为组成的社群。比如股份公司作为盈利企业，也属于"利益社会"的范畴。

由于共同体是自然而然形成的，所以组织内部在做决策时有时就无法保证合理性。而且，共同体的成员往往也会优先考虑个人感情和人际关系，会倾向于把内部的不满情绪尽可能降到最小。有时甚至会为了达成全体人的一致同意，而做出伤害集体利益的事情。日本的"和"的精神正是共同体在做决策时的典型代表之一。然而，在利益社会中，在做决策时却采取了完全不同的方法。在利益社会这样一个社群中，人们更重视的是契约关系和合理性。在组织内部中，分工明确，人们根据各自不同的分工，领取相应的合理的报酬。因为组织中的规则写得很清楚，所以即便有人表示不满，也要以集体利益为重，优先维护集体的利益。

利益社会 Gesellschaft		情感共同体 Gemeinschaft
共同目的、签订契约	结成原因	地缘血缘、人际关系
股份公司、盈利企业	典型例子	农村社会、家族企业
分工明确、利益导向	决策考虑	成员感情、人际关系
遵守规定、能力至上	内部规律	上下关系、不够平等
企业获利、员工共享	经济方面	中世产物、不如人意

组织的分类

身处崇尚合理主义的集体中未必能感到幸福

情感共同体和利益社会，都有各自的优缺点。在共同体内，由于最先考虑人的情感，所以容易和大家保持柔和温暖的关系，这是其特征之一。而且，由于非常重视人际关系，所以几乎不会让人有被孤立的不适感。想象一下在村落中亲戚之间的那种相处方式，即便人们嘴上说着不满意，也会努力维持一直以来友好的人际关系。

但是这种亲密的人际关系,有时也会诱发暴力统治行为。由于过于重视一致性,就导致对价值观的多样性缺乏包容,有时会出现集体排挤某人的现象。而且,根据力量的高低来确立上下关系就导致基本上无法维持平等的关系。

然而,在利益社会中,几乎不存在这种问题。契约书上事先会写好成员的权利和义务,这样日后就有了担保和参照依据。如果有人打破了规则,即使此人身居高位,也要遭受相应的处罚。当然这里提到的地位高低,只是对职位的规定,因为即使某人处在较高的职位,也不代表他是个伟大的人。举个例子,"社长"这个职位只是一个职责和权限的体现,意味着他有权向公司社员发出指示。也就是说,在利益社会内部,只要你有能力,就可以根据契约书上的规定,最大限度地行使你的权利,施展你的才能。

在这样一个理性至上的利益社会中,很难保证每个成员都是幸福快乐的。虽然没有不当的歧视和镇压,但是每个人都只能发挥各自的能力,无法与别人进行饱含情感的交流。如此一来就会导致有些人会怀疑自己的工作是否有意义,也有人渴望与他人建立更亲密的关系。一个高度合理化的组织内部无法保证成员获得精神世界的满足感。

一般来说,企业被看作是属于利益社会范畴的,但现实却未必如此。尤其在日本的公司中,比起利益社会,更类似于家庭或者村落共同体,具体表现在无论是对前后辈关系和年纪长幼顺序的重视,还是付出了时间精力却得不到报酬的无偿加班,以及工作时间之外还要出席工作性质的应酬饭局,在全公司推崇一家人精神,等等。我听说有些公司还公开宣称"同事就是家人"。照这么看，公司确实存在很多情感共同体的特征。总而言之，在日本，情感共同体和利益社会是交织存在的，如果处理不当，很容易引起经济上的问题。

中世纪社会与近代社会有着天壤之别

如果这个世界上不存在发达的科技，甚至连移动和通信手段都受到限制的话，那么所有的社群集团都会变成情感共同体吧。移动和通信受限就会导致人们从出生以来就要永远生活在同一个有限的区域，哪怕人们不认同和不喜欢这样的生活，也不得不接受。在世界历史长河中，我们将这种生活定位在"中世纪"时期。在日本的学校里，老师只要求学生记住历史课上所教授的知识，学生一般情况下很少会额外自发考虑历史问题，所以大部分学生是稀里糊涂地上完了历史课。但是即便如此，他们也知道在世界史中，"中世纪"和"近代（或现代）"之间隔着一堵厚厚的高墙。

对比中世纪和近代，两个时期的社会形态当然是完全不同的，全部的社会框架构成都发生了变化。民主主义、资本主义、主权、人权等许多概念构成了现代社会标准的思想、概念和价值观，这些大部分都是近代化的产物。虽然精神领域的进步使人类社会从中世纪向近代过渡，但是我们也要看到革新带来的影响。革新使人们的生活方式发生了变化，也对新精神的产生带来决定性的影响。（先有物质还是先有意识，这是哲学上永恒的争论之一。关于这一点,我在后面会细说。)

因为有了革新,人类才有了选择的余地,才有了追求合理主义的可能。

在比较情感共同体和利益社会时发现,当要实施一项大规模的事业时,借鉴利益社会的做法其实更有利。绝大多数的跨国企业本质上都是利益社会,它们不在乎你的性别、人种、年龄,而是会根据你的能力与贡献度来衡量并确定你能享受的待遇和应得的报酬。当然,由于作出了理性的经营判断,这种公司往往会得到大量财富,公司成员也会相应得到更多报酬。

中世纪社会是一个充满着情感共同体的时代,然而即便全体都齐头并进迈入利益社会(当时的北欧已经很接近了),也不会造成很大社会问题。但是,如果在一个国家内部出现了两种社群形态并行的情况,就极有可能造成财富分布的不平衡。在情感共同体中,比起集团利益,考虑成员的情感是否得到了满足会成为第一要义。然而,在利益社会的组织中,大家会理性合理地作出决策,共同推动事业发展,那么财富理所应当就会集中到利益社会一方。大部分的成功人士会说"与成功者为伴""杜绝无效社交",其实说的就是这个道理。换句话说,如果还没处在利益社会中,想要跻身富裕阶层的话,就有点困难了。

能够成为富翁的人懂得没有选择的余地这件事

现代社会科技发达直接造成利益社会范围持续扩大。在江户时代,也就是典型的共同体社会时代,日本全国人口只有 3 000 万,相当于现在的四分之一,而且平均寿命只有 45 岁。由于一个家庭内能够养活的人数是有限的,所以农民家的次子就要被送到商人家做学徒工,这种现象是普遍存在的。那些被送到富人家做苦工的人平时住在狭小的房子里,一旦出现流感等传染病就会导致大面积死亡,这并不是耸人听闻。与现代社会相比,江户时代是非常穷的,而且卫生条件极差。

现今人们虽然对崇尚合理却缺乏热情的利益社会有诸多不满,但对大多数人来说,他们更喜欢生活在现代,因为他们可以拥有健康的体魄,可以保障健康长寿。整个社会的趋势都在向着利益社会前进,这样一来,那些保留着共同体特色的组织就显得有点不合时宜了,而且社会的主要发展趋势对它们自己的发展来说也不太有利。我们要做的是,认清人类社会是逐步向利益社会进化的这样一个事实,在此基础上,要克服利益社会中不尽如人意的地方。而这一点恰恰就是通往财富道路上的十字路口。

要想在现代资本主义社会取得成功,就要以利益社会的精神为轴心,必要时借鉴情感共同体的解决方法,这样就可以很柔和婉转地处理很多问题。那些富有经济实力和社会名望的人,都深谙此方法的益处。

LEARNING

【近代国家】

在中世纪的封建国家、近世的专制主义国家崩溃后成立的,明确了领土、主权、国民三个概念的国家。在中世纪时代,国王、领主、家臣三者缔结了主从关系,所以,在当时并无"统一领土"和"国民"的概念。

不懂管束的机制就无法成功

——论管束的正当性

在前文提到的那些内部既有情感共同体性质又有利益社会性质的组织中,最为常见的就是那些黑心企业,最近也有很多新闻对它们进行了报道。先不提黑心企业,仅看看那些被企业管束的上班族的数量就知道这是一个非常庞大的群体。如果身处其中的个人不尽快摆脱这种状态,那么离跻身富裕阶层的梦想就越来越遥远了。一个人或者一个组织为什么那么容易被管束呢? 弄清这个问题的答案,是非常重要的。

一般来说,黑心企业对待想要辞职的人会采取胁迫手段,有时甚至不惜动用暴力。但是在这种组织内部,只靠暴力手段是不能统率全局的。在这其中有一种很巧妙的结构,需要和暴力有机结合起来共同达到巧妙控制员工的目的。

管束的内部结构

马克思·韦伯对于少数人或组织是如何率领大多数人的这一问题有着出色的研究成果。根据韦伯的研究结果,为了实现组织稳定,就要采用这三种管束类型中的任一种:**①传统型管束;②克里斯马型管束(也叫魅力型管束、超人型管束、领袖崇拜管束);③法理型管束**。反过来说,只要能够施展这三者中任何一种管束类型,人们就会自觉顺从地服从组织。

传统型管束是依靠自古以来就存在的秩序或惯例陈规,或者依靠管束者的权威来进行管理活动的形态。即便在当今的日本社会也随处可见这种管理形态。一家公司的社长,在组织中不仅给人一种负责做出决策、发号施令的印象,更让人感到无比伟岸高大。在日本的公司里,人们更重视的是表现出一副对上司服从乖顺的姿态,而不是更关注如何切实地执行上司分配的工作并做出成果。而且,即使大家都认为一直以来使用的工作方法效果甚微,但还是会因循守旧。虽然很多日本企业内部已经导入了各种最新的 IT 系统,但依然要为了迎合旧的工作方法不得不对这些系统进行修改,因此也出现了很多公司内部管理合理化推进受阻的例子。

相比之下,克里斯马型管束以及法理型管束大有不同。

在克里斯马型管束的社会中,若一个能力卓越的人得到周围人的压倒性支持,这样他会努力打造一个独裁社会。那些向往被崇拜的人一旦成了经营者,那么他的公司里就会弥漫着领袖管束的氛围。领袖代表绝对的权威。试想,如果领袖能够作出正确判断,那么这个组织就会集体受益;反之,如果领袖的判断是很愚钝的,则会导致这个组织最后土崩瓦解。

法理型管束,顾名思义指的是,在这样的社会中,所有人都要在法律约束的范围内进行正当合理的活动。大多数跨国型企业都会坚持法理型管束的原则。由于人类无法避免情感带来的影响,无法做到在判断处理任何事情时都能保持公正合理。因此,如果一味听命于传统型管束,就很容易对领袖言听计从。

越是不容易被"管束"的人越容易成功吗

当你想在经济上取得成功的时候，就要先想办法尽可能脱离这些束缚，稍微自由一点，这是很有必要的。基本上，**只接受法理型管束的人，才更有可能获得经济上的成功**。最近，由于网络商业基础设施面临整顿，这一现状使得做副业的人变多了。做事业需要充足的本钱，所以扩大收入来源是首要的。与此同时，也有很多人正在犹豫是不是要开展副业。在这里，我更看重的是，是什么原因让他们犹豫不前。

对于从事副业这件事，其实社会上存在两种截然不同的情况。一种是员工与公司签订的劳动合同上明文规定禁止从事副业，还有一种情况是员工担心副业会影响工作，单纯出于对公司的内疚而不从事副业。

的确，有的企业会在就业规则上明文规定禁止员工从事副业，但是很多企业对此规定得并不是很明确。如果你同意和企业签订明确写了"禁止副业"的劳动合同，那么你是在接受了法理型管束的前提下选择不从事副业的。但是，如果劳动合同上并没有明确写道"禁止副业"，你只是出于对公司有愧疚的心情而没有选择从事副业，那么你接受的就不是法理型管束，而是传统型管束。

如果你是只接受法理型管束的人，那么你就会和公司确认一下副业是不是允许。有些公司（尤其是属于传统型管束的公司）虽然表面上没有明确禁止员工从事副业，但实际上对于从事副业的员工也会做出惩罚，这种例子并不少见。因此，行事慎重的人就会看清这一点,进而收集多方信息以免惹出不必要的麻烦。反观那些总觉得对公司有愧,迟迟无法迈出步伐从事副业的员工,他们不仅业务能力存在一定问题,甚至在想法上也有问题。如果真的十分渴望发家致富的话,那就一定要在这一点上改变自己的想法。

实业家正在使用克里斯马型管束方式

当你已经快人一步率先成为领导者时,你肯定会开始考虑如何管理手下的人。这时,你就会反过来考虑如何利用管束的正当性。

不知为何,有钱人周围总是聚集了很多人。其中有一部分人是为了在他身上得到一点好处而接近他的,但并非所有人都是出于这种目的。不能否认,有钱人的确有一种独特的气场和气质,这种气场和气质能感染到身边的人。也就是说,有钱人本身就具备一种领袖气质。

他们都是聪明人,自然深知自己具备领袖气质与魅力,所以也有一部分人故意将自己的魅力展现给众人。比如说有些人就会为了显得与众不同而戴名牌手表,其实都是出于这种心态(后文会详述这种表演机制)。

当然,这种领袖式的表演也会使用在企业管理中。企业处在成长期时,能够被创始人的领袖光芒拉动成长,不能否认这也是一个很有效率的做法。但是,企业迅速成长的同时也带了高风险,这种风险就是企业容易陷入克里斯马型管束模式的桎梏。

实际上,自带领袖气质的人是存在的。然而,为了管理企业而刻意展现领袖气质的人也不在少数。因为这样一来，组织就很容易被掌控了。如此就能理解所谓领袖气质只不过是一种好用的工具罢了。

如果想赚钱的话就彻底地去理解大众社会吧

——奥尔特加《大众的反叛》

赚钱这种行为可以分成两种：一种是满足大众的需求，向社会提供有价值的东西，从而换取相应的报酬；另一种是将他人财富占为己有。如果不能向社会提供有价值的东西，那么就无法赚钱。但是，所谓商业，无非就是在无尽的索取与被索取中形成的争夺战。在财富的世界中，无法摆脱这种两面性。将他人财富猎入囊中的最好的办法是创造一种商业模式，并以此为手段，从一些人手中一点一点抽走他们的财富。最初通过网页广告点击量，一次获取几十日元开始，逐渐获得高达几十兆日元营业额的谷歌公司，就是一个典型的例子。

在事业上取得成功的人，对于如何控制大众，他们有着丰富的见解。为了在经济上获得成功，他们当然不会让自己湮没在大众之中，但是，他们对于大众的了解也是十分全面的。

赚钱就是与"大众"的战争

西班牙哲学家奥尔特加·伊·加塞特(José Ortega Y Gasset,1883—1955),思考了何谓大众的问题并批判地分析了大众的行为模式,因此闻名于世。在事业上获得成功的人未必都读过他的著作,但是大家在很大程度上都掌握了著作的精髓。奥尔特加最有名的著作当属《大众的反叛》。"大众"一词的意义相当模糊,在我们日常使用的时候也没有很周密仔细地考虑过它的含义。但是,如果想要切切实实理解社会上的各种现象,有必要去考虑一下何谓"大众"了。

奥尔特加在书中提道,所谓大众,指的是那些"**脑中只有个人欲望,只考虑权利而不考虑义务**"的一群人。当我们谈到"大众"这个概念时,脑中浮现的是以收入高低作为依据划分出的人群,或者以社会地位高低来划分形成的人群,然而奥尔特加对"大众"的定义却并非如此简单。

关于这一点,我们可以先看一下奥尔特加在书中激烈批判的对象,就可以找到答案了。奥尔特加在书中批判地讨论了一般大众这个群体,但是他批判的矛头指向的却是随着近代化发展而涌现的那些专家们。用现代的话来说,他批判的是那些掌握了专门知识却缺乏常识的"砖家"。虽然他们接受过高等教育,但是奥尔特加依然痛批他们就是一群"除了自己的专业之外对其他知识一无所知,却依然坚信自己是知识分子的野蛮人"。且不论学历和出身,如果这种专家越来越多的话,整个社会便会以"大众"的伦理为轴心开始转动。

拥有学历并不意味着拥有教养

类似的批判还有日本评论家**大宅壮一**(1900—1970)提出的

"一亿日本尽白痴"的说法。这和哲学家尼采提出的"畜群"概念十分相近。"白痴化"这种表达方法放在现在来看的确有点不太恰当,但是在当时是基于大众媒体(尤其是电视机)的普及导致越来越多的群体逐渐丧失了深入思考的能力的情况,大宅先生提出了这个说法。实际上,大众媒体所造成的影响之大,确确实实波及当时日本的各个阶层。

前些日子一个著名人物说:"有能力的经营者都是性格爽快(日语"ネアカ")的人。"在 20 世纪六七十年代"ネアカ"这个词被很多人使用,即便到了现在也有一些人依然会使用这个词。在上市公司的高层当中,或者说在社会精英群体中这个词还常被提起。

实际上,这个表达是在所处的时代被大众媒体创造出来的。喜欢使用俗语,并不是什么不好的事情,笔者私下里也是一个非常喜欢使用俗语的人。但问题在于,使用俗语的精英自身并没有意识到自己正在使用俗语。一个身处精英阶层的经济学家满嘴都是"ネアカ"这种俗语,但他们却声称考虑的是如何正确使用日语,批判最近的年轻人为什么日语讲得不够规范而且对知识的探求心大不如从前。真可惜啊,这个经济学家自己也不过是个奥尔特加口中的"大众"之一。

像这样一个个小的问题堆积起来,有很大可能会最终造成人们的认识和思维远远脱离现实的轨道。奥尔特加和大宅壮一都意识到了这一事态的可怕之处和严重性。

互联网的普及加速了大众化的进程

在电视机普及之后,互联网的普及进一步加速了大众化的脚步。**中川淳一郎**在他的畅销书《网络是傻瓜和闲人的乐园》（『ウエブはバカと暇人のもの』、光文社新书、2009 年）中，戏谑讽刺地描绘了当今充斥着网络的社会大众的现状。中川曾经担任过网络媒体的编辑，他认为，在网络上所谓"意见多样性"是不存在的，大多数的话题都是由电视上的信息衍生出来的。他原本只是想把焦点放在所谓的 B 层（容易被平民主义欺骗的阶层）来讨论，但是目前来看，这种现象已经不仅仅停留在 B 层了。

最近，面向所谓"高意识系"人群的信息和社区服务越来越多了，然而他们却表现出了一种类似的倾向。虽然不是"高意识系"人群中的所有人都有这个倾向，但是看到他们的讨论就会发现，当他们在讨论某人说的某句话时，他们更重视的是"谁说的"，而不是"说了什么"。过于肯定某个名人，在社交网络上疯狂分享名人说过的话的行为是很滑稽的。在这些"高意识系"的人群当中，有几成是属于奥尔特加书中"野蛮人"的行列呢？

只有三种方法可以正面面对大众社会。第一个办法就是自己也跳入大众的洪流中，讴歌赞美消费社会。第二个办法就是批判大众社会，盼望理性社会的复活。最后一个办法是承认大众化已成趋势了，只能考虑如何利用它在商业活动中为自己牟利。奥尔特加批判了大众社会，期待着人类的理智之光能够复活，但是现实问题是，这种大众化的洪流已经无法停下来了。就像在前文中所提到的利益社会那样，只要科技的发展还在继续，那么大众化的进程就会被动加速下去。

这样一来，我们能做的就是在精神层面上与大众社会保持一定距离,思考在这段距离中如何以冷静理智的视角来开展赚钱的行为。顺便一提,中川淳一郎在做媒体编辑的时候,会定期收集网络上正在流行的东西,然后发布大量符合条件的文章来获取点击量从而获得收益。其实这倒没什么值得冷嘲热讽的,毕竟在这个时代,不面对大众社会,就无利可盈。

聪明人的预测和误判

——社会的发展阶段理论与革新

互联网的普及加速了大众化的进程,社会处于持续变化的态势之中。在生意或者投资上获得巨大成功的人,往往对于变化的适应力非常强。实际上,大多数有钱人都很擅长把握时代的发展动向,能够快人一步获得利益,因此能够积累大量个人资产(比如互联网公司的创业者就是典型例子)。然而,有人认为,人类的行为和行动模式无论在哪个时代都是相似的。这样就可以解释为什么有些商业模式无论放在哪个时代都是有效的了。

著名投资家**沃伦·巴菲特**(WarrenBuffett,1930—)正在思考一种无论在哪个时代都能确保获得巨额收益的终极通用商业模式。这种符合条件的商业模式作为无期限的商业机密由巴菲特持有,并已经运用在了巴菲特对可口可乐(Coca Cola)和吉列(Gilette,目前在宝洁 P&G 旗下)的投资中。

利用"发展阶段论"预测未来

对于每个人来说,学会适应变化是很重要的,所以有关"变化"的讨论也比以前多了不少。关于认识变化,最广为流传的就是社会的**"发展阶段论"**,其含义是社会发展具有阶段性,发展变化要经历若干充满质的跳跃性阶段的变化,其中每个阶段都有其独特的特征。要想理解"发展阶段论"这个概念,就要从整体社会领域来看。法国社会学家**孔德**(Auguste Comte,1798—1857)主张,人类精神发展的三个阶段依次是"神学"阶段、"形而上学"阶段、"科学"或"实证"阶段。同样,人类社会发展的三个阶段依次是"神学和军事的社会制度"阶段、"批判的时代或革命的过渡"阶段、"科学和工业"阶段。的确,远古时代主要依靠巫师通过接受神谕来作决策(比如萨满教的盛行)。在那之后,哲学讨论成为趋势,最终,人类依靠科学来作决策,就是这么循序渐进的一个过程。

在政治的世界里,从最初使用暴力维护统治,到后来使用法律维护统治,再到使用产业的高效手段来维护统治,这个历史过程大家应该都很清楚。当今时代已经迈入产业社会了,所以政治世界不得不在很大程度上遵守产业社会的规则。

在本章中提到的情感共同体社会走向利益社会也是遵循了社会发展阶段论,马克思主义也可以说是体现了发展阶段论的思想。

投资家喜欢"创造性破坏理论"

美国经济学家**罗斯托**(Walt Whitman Rostow，1916—2003)在经济学领域提出了"成长阶段理论"，这对各国的经济政策都带来很大影响。在新闻出版界，**托夫勒**(Alvin Toffler，1928—2016)也提出了类似的观点。他的著作《第三次浪潮》在1983年登上了畅销书排行榜，书中指出社会的发展会经历农业阶段、工业阶段、信息阶段。当我们在看广告语的时候会经常看到"第一代互联网""第二代互联网"等类似的说法，可见，"成长阶段理论"已经被越来越多的人接受并运用到工作当中了。这个理论逐渐在社会中普及开来。

说到"成长阶段理论"就不能不提到"**创新理论**"。这个理论是由澳大利亚经济学家**熊彼特**(Joseph Alois Schumpeter，1883—1950)提出的。当商业或组织发生变化时会衍生出新的价值，即要实现生产要素的重新组合，这一现象就叫做"创新"。听到"创新"这个词人们常常会想到科技创新，但是创新的概念要广泛得多。当一些新兴组织的运作方式和管理方法创造出前所未有的价值时，也是实现了创新。熊彼特认为创新是社会发展的原动力，是推动经济发展的重要力量。

在"成长阶段理论"和"创新理论"的基础上，可以设立一个假说，预测将来会有怎样的变化，这就是一个较为科学的预测未来的办法。这也就能解释为什么具有预见性的商人和咨询顾问们喜欢使用熊彼特提出的"创造性破坏理论"的原因所在。

LEARNING

【沃尔特·罗斯托(Walt Whitman Rostow，1916—2003)】

美国经济学家。由于聪慧过人，15岁就进入哈佛大学。他在学术上最重要的研究成果是提出经济成长阶段理论。罗斯托认为传统型社会将会在某个时刻像飞机起飞一样迅速发展，开始进入新的发展阶段，这就是他提出的"起飞"理论。

人类并没有那么聪明

但是，这个易于理解的思考方法自身也可能存在着某些不足。如果社会和科技都是向前发展的话，人们就会预测到发展的结果，采取最恰当的行动，那么这种假设是成立的。使用计算机进行模拟仿真技术就是一个典型例子，但是这种看似合理的决策办法有时也会引发意想不到的错误后果。

二战后，美国大规模开发使用模拟仿真技术，越来越多的企业将这项技术背后的理念应用于管理和决策中。美国前国防部长麦克纳马拉(Robert Strange McNamara，1916—2009)曾就职于福特汽车公司(Ford Motor Company，NYSE：F)。他在公司内部管理混乱、亏损严重时，将现代管理原则引入福特内部，用数量方法控制成本和产出，最终重振了福特，自己的事业也蒸蒸日上，可谓一举成名。后来他接受了新上任的肯尼迪总统的邀请，放弃了在福特公司价值300万美元的股票和期权，出任国防部长。肯尼迪总统认为麦克纳马拉是一个冷静且富有数理知识的超级精英，如果启用他，一定会为当时的政局带来最大的利益，也会辅助自己运用科学方法制定新政策。

前面提到的美国经济学家罗斯托，曾经作为肯尼迪的参选智囊团成员，也对新政策的颁布产生了深刻的影响。之后，在肯迪尼总统遇害身亡，约翰逊总统上台后罗斯托也成了新总统的有力辅佐。麦克纳马拉与罗斯托代表着当时美国最出类拔萃的精英群体，被后世称做"The best and the brightest"（译为"出类拔萃之辈"）。

然而，即便当时的出类拔萃之辈依靠最高的智慧和科学的方法帮助政府推行了许多政策，但可惜的是引发了越南战争。

"出类拔萃之辈"说法的由来是当时美国著名记者兼作家**大卫·哈伯斯塔姆**（David Halberstam，1934—2007）执笔写了一本描述肯尼迪政治的书，书名就是《出类拔萃之辈》。哈伯斯塔姆在书中描述了当时代表了美国最高智慧的那些人是如何聪明反被聪明误，无法进行正确决断的过程。"最高智慧"这个词显得格外讽刺。

提倡"创新"的澳大利亚经济学家熊彼特预测到了令人震惊的未来情景。他预测出，随着创新理论的活跃，"创新"就会变成方法论，最终会变成人类社会中普遍的东西。结果就会导致"创新"丧失原有的活力，变成官僚主义，最终走向社会主义体制。创新的未来也许是一片灰暗，这的确很讽刺。

先不说这个，那些以发展阶段理论为代表的、看起来充满合理性的思考方法，其实它们当中也有陷阱，这一点我们一定要提前考虑到。

LEARNING

【阿尔文·托夫勒(Alvin Toffler, 1928—2016)】

美国评论家,也被称为未来学家。毕业于纽约大学。为了了解工业社会的基层情况,在毕业后选择进入汽车工厂流水线,作为底层工人工作了 5 年。之后担任《财富》杂志专栏作者、咨询顾问,最终成为评论家。主要著作有《第三次浪潮》《力量转移》等。

LEARNING

【越南战争】

在第二次世界大战后的 1955 年至 1975 年间,是以美国为首的资本主义阵营支持的南越(越南共和国)对抗由苏联和中国等社会主义阵营国家支持的北越(越南民主共和国)和"越南南方民族解放阵线"的一场战争。最初是南北越对抗的内战局面,后来由于 1965 年约翰逊总统批准"滚雷行动"(Operation Rolling Thunder),对北越进行轰炸,标志着美国正式介入越南战争。

CULTURES OF CHAPTER 1

- 缺乏自我管理能力和使命感的人很难变成富人。

- 如果想增加收入,就要进入一个决策合理的组织或公司。

- 被权力束缚的人很难赚钱,反而能够活用权力的人才能赚大钱。

- 不要沦为大众,也不要认为大众都是傻子,要考虑怎么活用他们。

- 要知道,即便是成长阶段理论和创新理论,都是有限的。

第二章

帮你避开在社会上碰壁的经济学

为何"经济学"不可信

——凯恩斯经济学·古典主义经济学·
马克思经济学

在这个世界上没有第二门学问能像经济学这样广受批评了。无论是物理学还是人类学发生了怎样的大讨论都没多少人会在意。当然,这是因为人们对这些学科的兴趣明显小于对经济学。一提到经济学,那就是完全不同的景象了。现在的大众媒体常常喜欢大谈特谈经济学的理论,以致人人都可对其发表一两句看法。例如之前人们在大众媒体上议论较多的是凯恩斯经济学的是非,而如今议论的是量化宽松政策。

经济学之所以变成一个热门话题,是因为经济学与我们的生活,尤其是经济生活息息相关。

经济学是不是一门纯粹的学问

对大多数政权来说,经济政策是最重要的课题之一。经济景气、股价上涨有利于选举成功,在这一事实面前,政治家们不得不拼命保证经济景气势头不会下滑。这样一来,政治家们就会争取在经济方面多一些表现机会,这就导致大众媒体对于经济的报道频率越来越高。因此,越来越多的国民就会开始被动关注经济学。

通常政治家在发言时会先引用经济学上的一段话,然后说"如果这样做的话经济景气就会上升"。其实这是一种过于绝对的说法,它会误导民众,使民众对于经济政策抱有过高期望。笔者在后面会谈到,没有任何一种经济学理论能 100%确保经济景气上涨。所以,更为准确的说法应该是"如果这样做,经济景气就会有上升的可能",而且经济政策未必能够发挥 100%的理想效果。

政治家这一行为所产生的结果就是经济政策没能取得当时宣传的效果,导致民众对经济学失望,最终引发民众的批判。所谓"经济学不可信"等类似的说法就是这么来的。但是,经济学之所以成为众矢之的,不仅仅是因为民众对其产生了负面评价,而且那些专攻经济学的专家也逃脱不开责任。

上文说过,在经济学中没有任何一个方法能够确保 100%成功。但是作为政治家,他们站在自己的政治立场上,尽可能地通过表现自己的能力来获得民众的青睐,所以才轻易说出了这种看似笃定却又不负责的话。

作为经济学家，本职工作就是依靠经济学知识冷静分析客观事实，进而阐述身为专业人士的见解。我们不能否认，大多数经济学家确实勤勤恳恳，尽到了自己的本分，但也的确存在一些为了能被当权者挑中进入智囊团的人。他们为了一己私利，讨好当权者，违背职业本分，和政治家统一口径说"如果这样做的话经济景气就会上升"。这些人扭曲了经济学的本意，使得经济学在民众心中留下了"政治工具"的印象。

兼投机商与亿万富翁身份于一身的凯恩斯

经济学之所以在今天呈现出这样的特征，与其历史渊源也有很大关系。经济学不同于物理学之类的自然科学，经济学包含了一定的哲学性和政治性要素（实际上物理学中也包含了哲学性和政治性要素，在这里就不细究了）。最近学经济学的人不如以前那么多了。很早以前，马克思主义经济学是经济学中的主流之一。

马克思主义经济学是在唯物论与德国哲学家**黑格尔**（Georg Wilhelm Friedrich Hegel，1770—1831）的辩证法的基础上建立的（唯物辩证法）。人类的思考受到产业、技术和经济等物质环境的影响，在相互矛盾和统一中不断向前，最终进化至最合适的形态。

简单地说，这种观点认为历史是向着一定的方向前进的，是以特定的思想为基础，最终形成某种事物（历史的最终目的是实现共产主义社会）。

现代经济学的主要创立者**亚当·斯密**（Adam Smith，1723—1790），在所谓的古典经济理论中，常会提到**"看不见的手"**。由此可知，它虽然不像马克思表述的那么绝对，但也包含了一定的马克思经济学思想。

20世纪最有名的经济学家**凯恩斯**（John Maynard Keynes，1883—1946）最初做相关研究的目的是为了了解人的心理和行动，这也是凯恩斯经济学建立的基础。凯恩斯与大多数经济学家不同，因为他曾经靠投资股票获得巨额财产，所以他也是个投机商。他曾经使用母校剑桥大学的资金投资股票，为母校带来了巨大收益。他还负责协助英国政府在二战后的金融体系构造中谈判，并与美国进行了强硬的交涉（尽管谈判以失败告终）。

现在，当我们谈到经济学时，脑海中会浮现很多复杂的算式，但是在凯恩斯的著作中很少出现算式。我们为了抹掉大众对凯恩斯经济学理论"不科学"的印象，今后会运用自然科学的手法使其变得高度数学化。（但如果使用数学手法的话，估计大众的关注度会下降……）

换句话说，经济学在最初就带有意识形态和商业性的一面，直到现在它也没能甩掉这些要素。

经济学家在讨论时会饱含情感，甚至偶尔会有控制不住情感、出现表达过激的情况。例如，通货膨胀的支持派和反对派互相辱骂，都在高呼自己的坚持是正确的。这种情况在物理学界和化学界都是非常罕见的。所以，在考虑经济学问题时，一定不可忘记经济学有着如此特殊的一面。

LEARNING

【"看不见的手"】

"看不见的手"是英国经济学家亚当·斯密(1723—1790)在他的著作《国富论》中提出的命题。最初的含义是,如果个人在经济生活中合理追求自己的利益,受"看不见的手"驱使,就会实现社会整体的合理分配,达到国家富裕的目的。现在,当人们解释市场构成时常会用到这个说法。

偏离中心的经济效果试算,不尽合适的经济情况预测

——模型化的手法

民众对于经济学的过高期待,导致他们误以为"如果运用了经济学知识就能控制经济的景气"。可是现实中的经济并不是那么简单就可以控制的东西,无论预测还是控制经济动向都是很困难的。我们有必要知道,运用经济学知识,能帮助我们在多大程度上搞清楚经济的构造。如果能够搞清楚的话,我们就能依靠经济学知识大胆投资或者做生意了,而且也不会再受政治家的影响,对经济学抱有不切实际的幻想。

恒等式不是方程式

现代经济学的重点在于,用数学模型解释经济结构。所谓数

学模型,指的是用数学式来表达变量与变量的关系。举个例子,我们假设,当实际 GDP(国内生产总值)上升时失业率会直线下降。用数学的表达方式来说,就是失业率和实际 GDP 之间是负相关的关系。实际 GDP 与失业率这两个变量之间的关系,如果能用一方增加导致另一方减少这么单一的算式来表述,那么这就是一个最简单的数学模型。实际上,变量之间怎么可能存在如此简单的比例关系呢? 这个世界上存在着太多搞不清楚哪个变量和哪个变量之间存在什么关系的例子。但是,如果你说"因为太复杂了所以搞不清楚",那就太直截了当了。所以宏观经济学给了变量一个粗略的定义,用数学式简洁明了地表现变量之间的关系。我们可以学会使用这个模型,从而来预测现在的经济状态接下来会有何变化,以及可以知道刺激哪个部分、怎么刺激,会促使经济保持长期景气。

在这里我想提醒一下,不要把方程式与恒等式混为一谈。在宏观经济学的教科书中,我们可以看到 $Y = C + G + I$ 等式。这个等式的含义是,如何计算国民所得。这是一个简单的算式,也是一个数学模型。当我们着眼于 GDP 的支出时,就可以看到私人消费(C)与政府支出(G)与企业设备投资(I)三个变量之间的关系。经济学家们会参照这个等式来分析经济现状,大众媒体在报道 GDP 统计的新闻时,基本上也是以这个等式为基础来进行解说的。在这里,我找到一则新闻,这是日经新闻在报道关于 2015 年 7～9 月即第三季度的 GDP 时刊登的一则新闻。

　　设备投资减少了 1.3%,连续两个季度持续减少……
　　私人消费上涨了 0.5%……时隔两个季度呈现回涨。公

共投资减少了 0.3%,连续两个季度持续减少······

——摘自日本经济新闻 2015 年 11 月 16 日刊

在这则报道中,$Y = C + G + I$ 等式中的 C(私人消费)相比前期增加了 0.5%,I(设备投资)却减少了 1.3%,G(公共投资)减少了 0.3%(G 代表的是全部政府支出,因此在这则报道中不等于公共投资)。

恒等式:任何情况下都成立的等式

$$Y \quad = \quad C \quad + \quad G \quad + \quad I$$

GDP　　　　私人消费　　政府支出　　　设备投资
?　　　　　0.5%　　　（公共事业）　▲1.3%
　　　　　　　　　　　▲0.3%

> 但是,它与方程式和函数有所不同。在 G 增加的情况下 Y 未必也会增加。也可能会出现 G 增加导致 I 减少,Y 的值却不变的情况。

↓

> 即使能够用简单的数学算式来表述变量之间的关系,但如果这个算式是恒等式,那么就无法做出准确的预测。

当你看到这个等式或者报道的时候,是否会认为,如果能够人为增加设备投资(I)和政府支出(G),GDP 不就可以顺理成章上升了吗?但是这里有个陷阱。我们来看这个算式,它是一个"恒等式",是一个和我们在学校里学到的方程式、函数完全不同的算式。恒等式不同于方程式和函数的一点在于,它是在任何情况下都成立的算式。在这个算式中,C 和 I、G、Y 的关系是永久成立的。但是这个算式却并没有说明它们分别是在什么关系中成立的。如果

GDP(Y)是政府支出(G)的函数，那么，当G增加时，Y也会相应增加。如果公共事业增加，那么GDP也会增加。由于经济增长意味着GDP增长，所以公共事业的增加就带了经济的增长。但是，由于这个算式是一个恒等式，所以公共事业的增加不一定就能带来经济增长。只要$Y=C+G+I$这个等式是成立的，即使增加了政府支出(G)，如果设备投资(I)减少了，Y的数值也有可能不受影响。

如果G和I与C的关系都能用函数来表示的话，就可以精确预测到通过增加多少的G才能保证增加多少的Y。但是，要想清楚表达每个项目之间的关系并不是一件简单的事，而且，同样的关系未必会永久持续下去。因此，在作预测的时候，要事先设立一个假定条件，那就是一定比例的所得会转化成消费，然后再对算式进行分析。**换句话说，尽管可以用简单的算式来表述，但只要它是个恒等式，就无法预测出精确的结果。**

在现实情况下，在稍微增加一点政府支出(G)的情况下，如果国债能够提供足够的财源，就能够判断对私人消费的影响会降低。因此，如果短期内增加政府支出(G)，就可以判断GDP(Y)能够相应增长。将公共事业作为提高经济景气的对策来实施的理由就在此处。

但是，我们无法保证这种关系在任何情况下都是成立的。实际上，在以前，公共事业的增加会促进经济的增长，但是如今效果不那么显著了。不能否认的是，现在政府支出(G)的增加有可能会对其他项目带来负面影响。

当我们了解了恒等式的特征后，就能够很快理解这些事实，可是为什么没有人讨论这些最基本的问题呢？而且有一些经济学家说，未来的情况是可以预测的，这样一来，现有的这些误解就更没办法消除了。

那么，到底能否照搬经济学知识，直接运用在实际分析中呢？当然是不能的。正因为人们认为经济学在实际业务中是起不到正面作用的，所以找到能够活用它的机会就显得尤为重要。下一节将详细介绍有效的活用方法。

LEARNING

【政府支出与设备投资】

在增加政府支出时通常会选择发行国债。大量发行国债时利息会上升，有可能导致民间的投资意愿下降。政府支出抑制民间投资的现象叫做"挤出"。

LEARNING

【恒等式】

变量为任意值的情况下都能够成立的算式叫做恒等式。在数学课上学到的因数分解公式就是具有代表性的恒等式。与此相对，当变量为特定值时才成立的等式叫做方程式。寻找变量的特定值的运算叫做解方程式。

低价出售却没有收获，这背后的经济学源由

——GDP 的基础理论

虽然宏观经济学的恒等式不适合用来预测未来的经济情况，但是通过这个数学模型可以帮助我们理解经济的结构和运行。比起听到明年 GDP 会增长百分之几的信息，倒不如我们把数据拿来分析自己的生意或投资。

比起 GDP，投资家更关心街头的热闹程度

这个关于 GDP 的恒等式 $Y = C + G + I$，可以表现出社会上的金钱是如何流转的，也是一个简单的数学模型。在实务的观点上，加入了贸易收支（NX：纯输出）的等式 $Y = C + G + I + NX$ 也常被运用。换句话说，看到这个等式中所包含的消费、政府支出、设备投资、进出口贸易收支四项，就可以大致了解经济的状况了。如果把具体数字带入这个等式中，就能更加清晰地看到经济的状况。

日本的 GDP 大约是 500 兆日元，其中占最大比率的是私人消费，占了六成，大概是 300 兆日元。第二多的是政府支出，占了全体的二成，金额大约是 100 兆日元。其次是设备投资，占了全体的 17％，大约 85 兆日元。其余的部分是进出口（贸易收支）。私人消费活动占了全体的六成，由此可见消费对于 GDP 的贡献度是非常大的。

即使没有系统学习过经济学，那些有经济学教养的人在判断**经济景气情况的时候，也知道要通过观察补正预算和贸易收支等**

情况来关注消费动向。某投资商以街头的热闹程度来考察量化宽松政策的效果和消费者物价指数（CPI）的动向，反而对于媒体上议论纷纷的经济学的琐碎信息不屑一顾。但是从经济学的角度来讲这种行为并不是错误的。由于 GDP 中六成是私人消费，因此透过观察街头的繁荣景象，观察商品交易市场是否生机勃勃，以这些作为判断经济景气的标准完全是合情合理的。甚至官方机构在进行经济统计时，也会向出租车司机打听时下的经济景气情况，然后将收集到的信息整合起来。类似的街头经济景气指标比起实际的经济指标要快一步，这是经验之谈。

重要的是怎么理解六成占有率的含义。如果私人消费能提高 3％的话，就能带来 9 兆日元的经济效益。相比之下，政府支出仅占总额的二成。如果想同样获得 9 兆日元的经济效益，那么必须将政府支出提高 9％，然而想要达到这种程度的补正预算实际上是非常困难的。作为中和策略，只做 1 兆—2 兆日元的补正预算基本起不到多大效果。

实际上，这种大胆的看问题方式正是"有经济学教养"的立场的本质。有了经济学教养，会让你透过现象看清事物的本质。有经济学教养的人通常先留意私人消费，然后留意企业的设备投资，而不是留意更大金额的政府支出。这是为什么呢？因为设备投资是投资而不是消费，是能够在未来带来收益的支出。首先关注大规模的私人消费是因为把焦点放在了"量"上，接下来关注设备投资并不是因为它的"量"而是注意到了"质"。投资与消费的区别在于今天的支出能否带来将来的收益。大家在今天还都是同一等级的工薪一族，但其中就有一部分人最终会成为资产家，也有只是穷困一生的人。他们的区别在于花钱方式不一样。**财运不佳的人常常只有消费支出。相反，财运亨通的人喜欢考虑支出的每一笔钱是否能在将来给自己带来收益**。那些有钱人喜欢投资股票或房地产，也是理所当然的。

　　这个道理放在经济上也是同样的情况。如果通过设备投资来增加店铺和工厂的竞争力，在将来一定会带来收益。所以，同样都是1兆日元，用来投资和用来消费，二者的意义是完全不同的。如今日本经济不景气的原因之一就是企业不愿承担风险了，开始控制设备投资了。这种做法不仅给经济景气降了温，也抑制了未来 GDP 的增长。说到设备投资，并不是在任何对象上进行设备投资都是明智的。重要的是结合技术发展，投资那些有希望在将来带来收益的对象。即便如此也一定不可忽视了对"质"的要求和保证。

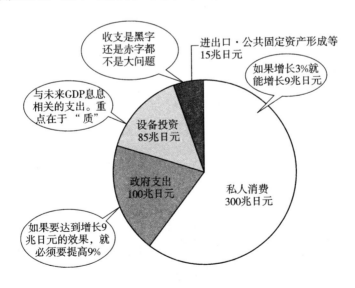

日本的 **GDP**（支出）分析

思考要尽可能简单有序

在透过现象看本质时,**要通过利用数学模型,将复杂的现象简单化,将其他部分特殊化,理解"质"和"量"的区别**。这就是有经济学教养的人的思考方式。

看到这些话的时候肯定会有人说,"这不是理所当然的嘛""道理我都懂但是我还是变不成富人"。的确,这些话是理所当然的,但是那些批评我写这些理所当然的话的人,都能做成这么简单的事情吗?恐怕只是嘴上说说吧。

实际上,当人们谈论经济政策时,大家都在对补充预算大发议论,却无视私人消费,并没有对那么重要的"私人消费为何没有增长"的问题作深入根源的探究(大多数时候只是用"通货紧缩思想"这么模棱两可的结论来解释了)。

关于贸易赤字的增减,不只是经济专家,连普通民众都对它抱有很高的关注。但是人们只对基本的经济状况作了分析,至于贸易收支出现赤字还是黑字这么严重至极的问题,却往往被人们无视了(暂且不谈贸易收支是如何影响经济的)。总的来说,人们很容易被那些微不足道的议论耍得团团转。

其实这个道理放在工作和私生活上也是适用的。

对于营业来说,只能下 100 万日元订单的小额顾客和能下 1 亿日元订单的大额顾客,二者在对营业额的贡献度上是完全不同的。**冷静思考一下,我们应该把大部分的劳动力和思考放在拿下 1 单 1 亿日元的大买卖上**,但很少有企业会这么做。大家都在拼命为了 100 万日元小买卖杀红了双眼,这种例子太常见了。

如果我提出了"要集中精力处理大单生意"的意见,那么肯定会有人站在道德制高点批评我怠慢小客户。我还没有注意到,在这个阶段,观点就已经很混乱了。家庭内部的事情也是同样。我相信有很多家庭是奉行节约主义的,一个家庭的主要支出集中在住宅、保险和汽车上。与经济一样,如果用一个简单的模型替换来看的话,就很容易理解那些为了能买到便宜100 日元的萝卜跑大老远去超市的人的行为是非常没有意义的。

说到汽车上的支出占了很大比重的时候,大多数人会认为,"我的生活离不开汽车,所以这笔支出是免不了的"。但是有经济学教养的人会考虑,如果放弃买汽车,能省下多少费用,然后再将这些费用花在出租车和租车上,再计算一下能花费多少,结余多少,等等。他们会对这些做出冷静计算,在此基础上得出最终结论。可以说,一旦摆脱了现有价值观的束缚,人就会常常感到自由。

LEARNING

【贸易赤字】

出口总额与进口总额之间的差额叫做贸易收支。出口额高于进口额时会出现贸易黑字,进口额高于出口额时会出现贸易赤字。贸易收支与来自海外的投资收益的总和叫做经常收支。贸易收支的赤字和黑字与经济增长不构成直接关系。

比起工薪阶层，资本家占据压倒性的优势

——三面等价原则

笔者在前文中介绍的 GDP 的恒等式具有某种特征，这个特征就是，我是从"花钱"的视角出发来介绍的。但是，如果从其他角度出发来看同样一件事情的话，就能看到完全不同的景象。让我们换一个角度来看 GDP 恒等式，它就可以变成一个新的工具。

换个角度看同一个模型

GDP 恒等式 $Y=C+G+I$ 中的各个项目，分别代表了私人消费、政府支出以及设备投资。私人消费，正如字面意思，就是私人在购物时花费的金额。政府支出就是政府用于公共事业的金额。设备投资就是企业花费在购买或升级工厂时用于机械或建筑上的金额。消费和投资的区别在于花出的这笔钱能否在将来带来收益。

也就是说，这个算式表示的是国家或政府在一年期间使用的金额总和。因此，这个恒等式的重点放在了 GDP 的支出方面。

但是，任何事物都不只有一面，有花钱的人就有赚钱的人。日本的 GDP 是 500 兆日元，既然这 500 兆日元已经花出去了，那么就有人赚到了这 500 兆日元。现在开始我们把关注点放到 GDP 的分配面上来。

金钱流动的前提是出现了买卖行为。花费了一定的金钱，

就会出现同等金额的生产。也就是说,GDP 的"支出""分配"
"生产"都是等值的。这就是教科书上讲的"**GDP 的三面等价原
则**"。普通人读了教科书在记住了这个"三面等价原则"后便不
再深究其内涵,然而那些富有经济学教养的人会深入思考它的
本质。

　　同样是看 GDP,从支出的角度出发和从收入的角度出发,观察
到的情形是非常不一样的。一般来说,只关注支出情况的人顶多
考虑到"消费增加了几个百分点"。但是如果关注到了分配的角
度,就能够清楚地看到"收益"的构成。

如果了解经济学就能知道一亿资产何等重要

　　GDP 的分配面也有一个恒等式,写出来就是 $Y = L + K$。L 代
表的是劳动所得报酬。说得更通俗易懂一点,也就是我们的薪水。
某人购买某商品时所支出的钱最终都会以薪水的形式被他人获
得。另一个项目 K 代表资本获利。单靠商品和服务是无法构成经
济活动的,就像经营一家烧烤店,只有厨师和鸡肉肯定是无法正常
营业的,必须要为顾客提供可以活动的店铺区域,所以就要在店内
装修等方面做一笔前期投资。提供这笔资金的人会得到利息或者
分红,这是他出资的回报。如果得不到回报,就不会有人愿意为这
些项目投资了。

　　从这个 GDP 模型可以看出,企业赚取的利润,一部分给员工
发工资了,还有一部分作为利息或者分红回到了资本家的口袋。
换句话说,要想赚钱,有两种途径。**其一,提供劳动换取薪水。其**

二,提供资金获得红利。

那么实际上,金钱是如何被分配的呢?

日本的 GDP 是大约 500 兆日元,在这 500 兆日元当中,有大约 250 兆日元是劳动者的报酬,占了一半。另外,作为资本金的回报是大约 100 兆日元,剩下的就是设备折旧等。全日本提供的资本总额高达约 3 000 兆日元,经粗略计算得出日本全国的投资平均收益率是 3.3%(100 兆日元÷3 000 兆日元)。

日本全国大约有 6 600 万劳动人口,用劳动报酬总额除以劳动人口总数就可以计算出劳动者每人的年收入,计算结果是约 380 万日元。这个数额大约就是日本劳动者的平均年收入了。说得难听一点,**如果只靠领死工资度日,那么每人平均每年最多只能得到 380 万日元。**

然而,投资的情况就不一样了。由于投资的平均回报率是 3.3%,能投资 1 亿日元的人,根据平均利率 3.3%,意味着每年不需要劳动就能得到 330 万日元的利润。

我相信大家一定在一些财富相关书籍或杂志上看到过"目标赚它一个亿!"这种字眼。1 亿日元是一个很有划分感的数字,而且,编辑们经常用到这个数字,那是因为这个数字有更深层面的意义。**从经济学的角度来看,1 亿日元的投资利润接近日本全国劳动报酬平均值。**

但是,不知道为什么有关 GDP 分配面的事情,还有关于国民资本经济总量的事情很少有人议论。

如果具备了经济学相关的基础教养,就能理解为什么富人的水准是至少拥有 1 亿日元了吧。同样,也就能轻松理解在 2015 年大热的皮凯蒂的理论了。

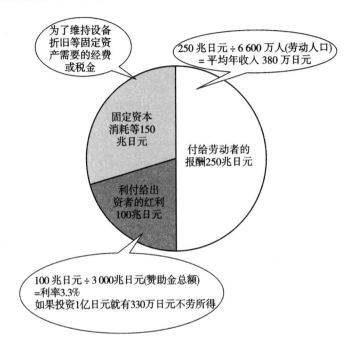

经济学帮助我终结了工薪族生涯

　　法国经济学家**托马斯·皮凯蒂**（Thomas Piketty，1971—）在著作《21世纪资本论》中提到，富有的资产家和普通劳动者之间的贫富差距一直在扩大，起因就是劳动报酬远远低于投资收益。如果GDP的增长率没有提高的话，劳动报酬就没有提高的可能，也就是说劳动者报酬增长的前提是经济增长。然而，投资所得红利常常维持在一定水准之上。企业方面当然先考虑自己的红利，再考虑给员工涨薪。如果不这样做的话,企业就很难再获得投资或接受融资了,这也是没办法的事情。

其结果就是,历史中的任何一个时代都出现了资本回报率始终高于经济增长率的现象,劳动者与资本家的收入差距也因此越拉越大。

在市面上能买到很多以有钱人的经验为主题的书。我写的这本书虽然也是其中之一,但是和其他书还是有不小区别的。别人写到的书上总是在强调如果不创业或投资的话就很难变有钱,我想大家一定听倦了这些话。也许有人好奇难道就没有其他发财的办法了吗?那么我的建议是请提升自己的经济学教养,慎重考虑自己的"钱途"。

看看那些劳动者领取死工资度日,再看看那些资产家或投资家投资获利,后者简直具有压倒性的优势。创业是对自己生意的投资,所以可以把创业和投资看作一码事。尽管存在许多风险,投资股票或房地产依然是通往巨额财富的最佳捷径。当你具备了经济学的教养后,就会恍然大悟说:"果然是这样啊!"于是马上抛弃那些不切实际的幻想。也许这听起来有点露骨,但事实就是如此。当你心一横,认为除了投资或创业就再也没有好办法的时候,你人生中就第一次出现了做投资家或实业家的打算和机会,也可以说是一种觉悟吧。如果用更学术的词语来说,就是在人生中首次感受到了企业家精神。经济活动是人类活动的集大成,所以精神肯定是会对人的行为产生非常大的影响。

在笔者曾经还是一个工薪族的时候,也曾犹豫过是否要跳出公司开展自己的事业或者开始投资,也冥思苦想过是否有其他更好的办法。但是最终让我作出成为投资家的决断的是经济学知识,它帮助我认识到,如果不走上投资家或实业家道路的话,自己将来就会处于不利地位。对于我来说,经济学知识是推动我走到今天的源动力。

LEARNING

【收益率】

指的是一整年获得的收益占投资金额的比例。利率指的是利息占本金的比例。如果本金是 100 日元,利息是 5 日元,那么利率就是 5%。如果用 90 日元购入债券,那么直接收益率就是 5.6%。

资金过剩时该采取何种行动

——费雪方程式与货币数量论

换个角度来看同一个数学模型或者给同一个数学模型设定一定条件,这个模型就会变成一个截然不同的工具。这在科学界不足为奇。

作为安倍经济学的理论基础之一,**货币数量论**也同样如此。如果在这方面有着较为敏锐的直觉,就能通过观察安倍经济学做出的种种活动,来决定自己的前进方向。

在同一个算式中如果改变了前提条件会引发何种结果呢

所谓货币数量论是指,**物价水平基本上与货币数量是成比例**

的。这是经济学上的一种假设。在解释货币数量论的时候通常会用到一个公式：$MV = PT$，也就是所谓的**费雪方程式**。其中，M 代表一定时期流通中的货币数量，V 代表一定时期单位货币的平均周转次数，即货币流通速度。市场上的货币是不停流通的，所以实际发行的货币在一年内是要来来回回周转很多次的。所谓流通速度，指的并不是速度，你可以把它理解成货币的周转次数。等号另一侧的 P 代表物价水平，T 代表交易数量。这个算式最重要的一点在于它是一个恒等式。恒等式与方程式和函数不同，恒等式在任何情况下都是成立的，所以它并不是用来说明如果增加某项的值会造成哪项的值变大这种项与项之间的关系的。我们唯一能确定的是，**如果改变恒等式中某一项的值，那么其他项中至少有一项的值必然会发生变化。**

举个例子，中央银行在实行量化宽松政策时提高了 M 的值，为了保持这个恒等式始终成立，必然会造成其他项目的值发生变化。但是，哪一项变大了哪一项变少了，或者哪一项没有发生变化，这些我们都是无法得知的。那么，让我们把这个等式中的某些项目变成定值来看看会发生什么吧。如果某个项目的值被固定，其他某个项目也会自动变成定值，也就变成了所谓的函数。

货币数量论主张，在这个恒等式中，货币流通速度（V）通常是固定值。我们把这个等式变形，得到 $P = MV/T$ 这样一个等式。现在我们假设 V 是一个固定值，变量是 M 和 T。而且可以把 T 替换成生产量，短期内国家的生产量是不会有太大变动的，因此也可以勉强将 T 认定为固定值。这样一来，这个算式就不是恒等式了，当货币数量（M）发生变化时，可以看到物价（P）的变化，这就成了一个函数。也就是说,如果货币数量增加,那么物价会相应上涨,二者之间存在因果关系。

为了提高通货紧缩中日本的物价,就需要日本银行增加发行的货币数量,因此,货币宽松政策就有了理论依据。当然,并不是单纯依靠增加货币发行量就能提高日本经济的景气。

但是按照货币数量论的说法,日本银行增发货币时,理论上物价就会上涨。物价上涨的话,通货膨胀率就会上升,利息也会上升。有这种预测的人会越来越多吧。然而,日本银行会在短期内积极购入国债,因此利息也会保持较低水平并持续下去。结果就是,这与实际利息降低毫无区别,借钱变得更容易,也会促进设备投资。

$$M \qquad\qquad V \qquad\qquad = \qquad\qquad P \qquad\qquad T$$
货币数量　　　　货币周转次数　　　　　　　物价　　　交易数量

$$P= \quad M \quad V(固定)/T(固定)$$

↓

> "货币数量(M)增加时,物价(P)会上升"的因果关系成立。

商品价格是怎么来的呢

但是,一些专攻经济学的人否定了这一说法。其依据是,商品的价格是商品价值的堆积,是由货币总量决定的。他们不相信货币数量论,因此对安倍经济学的货币宽松政策也抱有怀疑态度。在这些争论中,当事者有时会非常狂热,痛骂持反对意见的一方,但是我的建议是有必要远离这种充满感情因素的争论。这些说到底只是学术上的争论,至于现实社会的情况,肯定是有两面性的。

商品的价格由货币总量决定,这在我们的日常支出行为中就可以想象得到。举个例子,当牛肉价格提高时,我们通常的做法是买更便宜的面包,喝更少的酒,等等,以此来控制餐费整体支出。按照货币数量论的说法,只要不增加货币的总量,之前那些我们被迫放弃购买的商品会降价,整体物价不会上升。

另一方面,我们在遇到想买的商品或者必需品时,不太会考虑是不是有可能造成其他影响,即使价格升高也会购买。那些否定货币数量论的专家们认为,这些商品或者服务增多时,物价自然会上升,与中央银行的意向无关。也就是说商品的价格是由商品自身或人们的购买意向决定的。这也是我们通常会有的一种心理。

在具有两面性的人类看来,围绕安倍经济学的纷争,充其量只是认同哪一方的区别。因此,充满感情的争论是毫无意义的。

很可惜,经济并没有像当初预想的那样蓬勃发展,而市场却发生了期待中的通货膨胀。在这个问题上,也许货币数量论在一定程度上是正确的。换一个角度看,如果市场死气沉沉,没有出现吸引人的商品和服务,那么就无法拉动消费。因此,货币数量论并不能对一切情况都作出解释。

究竟是货币的时代,还是商品的时代

尽管我们没有办法给出负责任的答案,但是有必要站在不同的立场上考虑一下。原因在于,尽管大家都还没有意识到这两种价值观的差异,但是这个问题对于我们今后如何选择行业、选择要投资的股票甚至选择要交际的人选都产生了巨大影响。

那些持有和货币数量论相似立场的人，他们有一种共同的倾向就是在经济动向发生之前就能捕捉到货币的微妙变化。换句话说，他们认为货币先动，商品和服务紧随其后。这些人中有一大部分人对于以钱生钱的金融服务和金融行业都持有肯定态度。

那些认为商品价格源于商品本身的人，共同特征就是非常关心所谓的实业。他们认为，景气无法回升的原因不在于没有有效的金融政策，而是没有吸引人的商品和服务，是市场环境出了问题。

到底哪一方是正确的呢？我认为，在一个国家的不同时期会有不同的答案。在物资短缺的新兴国家，国民对于新商品的欲望强烈，国家处在这样的经济环境下，当然要靠商品来推动经济。在过去的 20 年里，中国像曾经的日本一样实现了经济高速增长。中国的亿万富翁也多集中在制造业等商品行业。

但是，在某种程度上，经济的成熟反而会导致国民的购买欲降低。在这样的社会中，货币的影响力就要远大于商品。在发达国家中，经济现象多数是和货币有关的。因此，金融服务业或金融相关行业就变得相对有利了。在最近几年，中国的富翁也开始从制造业转向房地产和金融业，这是因为中国的经济结构发生了变化，货币的地位提升了，很难说这种倾向会不会永远持续下去。在最近几年，共享经济发展起来了，把现有的商品和服务整合起来实现全民共享的这样一个商业模式正在飞速发展。在共享经济支配的世界中，想要启动一项事业就不再需要庞大的资金支持了。

提供较少的商品和服务并将其组合起来也能创造出巨大价

值。这样一来，货币的地位就被削弱了。今后，比起金融行业，与人们生活息息相关的行业也许会重整旗鼓，再次占据有利地位。

LEARNING

【物价】

指的是社会产品和服务项目的平均价格。常用的物价指标是消费者物价指数和企业商品交易价格指数。消费者物价指数指的是消费者在消费时，社会产品和服务项目的最终价格。企业商品交易价格指数指的是企业之间进行交易时的商品价格。

CULTURES OF CHAPTER 2

- 经济学是一门融合了思想和商业的，富有感情的一门学问。
- 谁也不能确保经济预测的准确度。
- 将大部分特殊化。理解"质"与"量"的区别。
- 经济学可以证明投资家会比工薪族赚更多钱。
- 经济成熟会导致人们购买欲的下降。

提高你对金钱敏感度的数学

拥有数学头脑，看透世间万物的"相关性"
——相关关系与因果关系

　　擅长赚钱的人有几个共同特征，其中之一就是对数字很敏感。从笔者个人经验来看，擅长积累财富的人，无一例外，都是对数字极其敏感的人。他们不仅对数字敏感，也很擅长"数学式"思考。当然这并不是说他们毕业于理工类专业或数学考试分数很高，对数字敏感和擅长数学式思考，是两码事。文科出身的人可能会觉得很意外，但是实际上，在理工科出身的人当中，有不少人是数学学得很好但对数字不敏感。但是从广义上来说，这两码事又很相似，所以接下来我还是把二者归一来谈吧。我想把对数字敏感或者擅长数学式思考的人称为"有数学头脑的人"。数学头脑和赚钱之间应该还是有挺大关系的，也就是说，资产形成和数学头脑之间有一种"相关关系"。

相关关系与因果关系是两码事

笔者写下"相关关系"这个词的时候并没有考虑太多。当你在试图搞清楚"相关"这个词的含义时,也许你就能明白数学头脑是怎么一回事了。在这个世界上每天都发生着各种各样的事情,人们会采用各种各样的方式来分析这些事情。我们要做的就是将这些分析结果收集起来,作为我们接下来进行商业规划或投资的参考资料。

但是这里出现了一个问题,"相关关系"和"因果关系"的区别在哪里?有时人们会将二者混为一谈,得出了完全相反的结论。我举一个关于销售员跑客户的例子。人们常常认为业绩好的销售员从初次见到客户开始,直到他拿到订单,跑的次数比一般的同行要少。笔者在做销售顾问的时候单凭直觉就能理解这句话,而且,无论什么行业,大家好像基本都是这么认为的。如果把这句话换成有数学感的说法就是"销售成绩与拿下订单前的跑客户次数之间存在相关性"。所谓相关,指的是两种事情之间存在某种关系,也就是存在某种关联。虽然销售减少了访问客户的次数,也不代表就能提高销售成绩。但是如果减少访问次数就能提高销售成绩的话,说相关关系就不合适了,它们之间存在的是因果关系。

在分析状况时,究竟是存在相关关系还是因果关系,这些都要仔细区别。在这个例子中,优秀的销售员准确地向顾客提供了有效的购买信息(比如准备了充分的参考资料等),使客户缩短了考虑时间,最终的结果就是访问次数变少了。这样看来,访问次数与销售成绩并没有因果关系,所以单纯减少访问频率就能提高销售业绩的这个解释是不成立的。倒不如说"拜访客户时资料准备情况和销售成绩之间存在因果关系"。

恐怖活动不会阻碍经济发展

刚刚的话题不仅适用于销售这样常见的小事情,也适用于国际上发生的一些大事。2015 年 11 月在法国巴黎发生多起恐怖爆炸袭击事件,一时掀起了人们对于世界经济的担忧。由于这一系列恐怖事件规模较大,引起了全世界的关注。但实际上,最近几年里,全世界范围内的恐怖袭击事件的数量是骤增的。

据美国马里兰大学的调查显示,在 2014 年发生了大约 1.7 万起恐怖袭击事件,导致约 4.4 万人死亡。在 2000 年到 2012 年之间,平均每年发生约 2 500 起恐怖袭击事件,可以说,进入 21 世纪以来恐怖袭击事件数量剧增。虽然恐怖袭击非常可怕,但是经济会因此而停滞不前甚至衰退吗? 恐怕这就是另一回事了。有人调查分析了至今发生的恐怖袭击事件次数和全世界实际 GDP 增长率的关系,结果发现其中并无因果关系也没有相关关系。在这里我就不作详述了,但是如果你用 Excel 函数做一个图表来分析一下,x 轴是恐怖事件的次数,y 轴是 GDP 增长率,就会发现其实这些点都是无规则散乱分布的,也就是说看不出二者之间有什么关系。试着用 Excel 函数计算了一下相关系数,得出的结果是负0.08。如果相关系数的值无限接近 0,那么就可以认为它们之间是不存在相关性的。虽然恐怖袭击增加了，但是因此就断定它会对经济产生不好的影响，未免有点不妥。

另外我还发现，有一个项目与恐怖袭击事件的数量之间存在相关关系，那就是美国的军费支出增长率。恐怖袭击次数与美国军费支出的增长速度（每年的增长率）的相关系数是负 0.5，这意味着美国军费支出的增加会导致恐怖袭击次数的减少，它们之间存在这样的相关关系。其实绘制一张图表就能看出，军费支出的增加与恐袭次数的减少之间的确是存在关联性的，二者呈负相关。

在我们理清楚相关关系之后，下一个重要的任务就是理清因果关系。因为只看这个数据是得不出因果关系的，所以我们只能靠推测。在这里我想强调一点，一定要分清楚事实与推测的区别。恐怖袭击次数与美国军费支出的增长速度之间存在负相关是事实，但是因果关系一部分依靠推测。如果加大美军军事活动的活跃程度，那么发动恐怖袭击的资金来源和组织遭到打击破坏的可能性就大大增加，所以人们就会自然而然认为美军的军事活动与恐怖袭击次数之间存在因果关系。但我们必须要知道这个判断并非 100％准确。比如，美军军费支出上涨，就一定会导致恐怖袭击的次数下降，这样断定是非常危险的。为什么呢？这是因为恐怖袭击增多导致美国军费支出上涨。美国增加军费支出的理由，我们可以从媒体报道的消息中确认，可使用这些信息来检查验证到底谁是因谁是果。

如果有了数学头脑，就不会被世界上铺天盖地带有个人情绪的信息所愚弄，就能作出冷静判断。最终决定商业或投资胜负的并不在于你掌握了多少知识。即便你把现有掌握到的知识都调动起来，你现在不知道的东西，以后也不会知道。但是一旦你有了数学头脑，就不会被信息中片面的情感因素糊弄，也就不会因此而误判，这才有走向成功的可能。那些你所避开的细小的错误，久而久之都会帮助你积累财富，所以说数学教养是非常重要的。

LEARNING

【相关系数】

表示两个变量之间相关关系程度的数值。它的范围在负 1 到正 1 之间。当相关系数的值为 0 时，表示二者之间没有关系存在。当相关系数为正值时，一个变量增加时就会引起另一个变量的增加。

锻炼推断能力，切忌囫囵吞枣

——论数位相合

有数学头脑的人懂得分辨信息中哪些部分是被歪曲了的。有能力成为资产家的人在耳闻目睹某件事情时马上就会怀疑"这是真的吗？"而且他们会将数字套用其中来检验可信度。当一个人形成了这样的习惯，在面对商业机会的时候，思考方式上会有很大改变。

谷歌无人驾驶汽车的事故率高吗

最近，无人驾驶汽车技术成为热议的话题。大部分人会担心无人驾驶汽车的安全问题。2015 年 7 月，最先研制无人驾驶技术的谷歌公司（Google Inc.）的无人驾驶汽车出了交通事故，由此引发了新闻媒体界的广泛报道。然而，拥有数学头脑能够帮助你准确理解这则新闻。

这台由谷歌研发的无人驾驶汽车在上公路测试时遭遇了交通事故。它在等红灯的时候被后面来的车追尾，导致三名员工受伤。很明显事故责任并不在无人车这一方，这只是一次单纯的追尾事故。谷歌也公布了自无人驾驶汽车上路测试以来的 6 年里已经发生了 14 起交通事故。

很早以前就有人议论无人驾驶汽车的安全问题，当他们听到谷歌的无人汽车遭遇事故时，就更认为这项技术果然不安全。的确，当我第一次听到 14 这个数字的时候，第一反应也是觉得好像有点危险，但是这么想到底对吗？为了验证这个判断是否正确，需要客观地理解分析这些数字。

14 起事故是多还是少？也就是说事故发生率是高还是低？在对其作出评价时，必须要考虑在发生事故之前汽车已经行驶了多少路程。行驶了 100 公里就出了 14 起事故，这和行驶了 1 万公里出了 14 起事故，是截然不同的概念。谷歌公司自 2009 年着手研发无人驾驶技术，自 2014 年起开始进行公路测试。实验汽车累计行驶距离约为 180 万英里（约 290 万公里），也就是说平均每行驶 21

万公里会发生一起交通事故。为了判断无人驾驶汽车安全性能的高低，有必要对其进行对比验证。

全美国汽车事故发生概率大约为每行驶 50 万公里会发生一起交通事故。按这个标准的话，谷歌的无人驾驶汽车的事故率可以说是挺高了。但是，这些数据包含了实验初期阶段的实验数据，未来的实验结果可能会越来越好，得到的结果也会低于整体的事故率。

我们来看一下日本的情况，很可惜，在日本，没有类似的对汽车交通事故发生率的统计。但我们不会就此放弃探索，因为我们可以从相关信息中进行推算，所以这里有可能潜藏着一个很大的商机。

不要过于相信现成的数字

在判断事故发生率高低时，一定不要忘记有关事故数量的信息。谈到交通事故数量统计的时候就会想到警察，但事情并不是这么简单。有很多交通事故是不会作为事故被上报的，所以警察提供的数据与实际发生的交通事故数据可能是不相同的。因此我们还是参考保险公司的统计数据吧，也许可信度会高一些。这是因为有车辆保险的话即使只是发生了轻微的交通事故也会有理赔记录可寻。根据损害保险业内公布的数据，2012 年总共发生了约690 万起交通事故。当看到这个数据时，具有数学头脑的人会将这些数字放在一定条件下来考虑。690 万，这个数字的正确与否，是无法通过直觉判断的。为了能够在接下来理直气壮地使用这个数据,我必须要通过其他途径来得出一个与 690 万接近的数字。

Google 谷歌的无人驾驶汽车实验的事故数量

290 万公里 14 件＝平均 21 万公里 1 件事故发生率

 美国人为驾驶汽车的事故发生率
平均 50 万公里 1 件

 日本国内没有类似统计但是……
（由损害保险业界提供的数据）
2012 年交通事故总数:690 万件　是真的吗?

保险公司支付的保险金总额:1 兆 9 000 亿日元

车辆保险平均保险金:24 万日元

1.9 兆日元÷24 万日元＝792 万件　与业界统计数据相近

日本国内每台汽车的平均行驶距离:2 万公里

日本国内汽车总数:7 500 万台

> 7 500 万台×2 万公里÷690 万件＝22 万公里 1 件事故（发生率）

↓

> 宏观统计中数字大概差不多是最重要的。
> 结论:谷歌的无人汽车驾驶技术值得投资!

要想获取发生事故的数量,我们可以用保险公司支付的赔偿金总额除以平均赔偿金额来得到交通事故的件数。日本保险公司 1 年内支付的汽车保险金大约是 1.9 兆日元,对发生事故次数最多的汽车平均赔偿金约为 24 万日元。对于拥有汽车的人来说,平均一次能获得 24 万日元的赔偿金听起来还是比较合理的。保险金 1.9 兆日元除以 24 万日元,得出的计算结果是 792 万次。792 和 690 数位一致,且相差不算太大,因此我认为接下来用 690 万这个数字作参考值是没什么问题的。

现在已经得知了事故数量，接下来要做的就是统计汽车的历史行驶距离和台数。据日本国土交通局的统计，全国共有大约7 500万台汽车，其中，家用车的平均行驶距离为每年1万公里，业务用车的平均行驶距离为每年6万公里，二者共同的平均行驶距离为每年2万公里。如果把这个数字带入刚刚计算事故数量的算式中，得出的结果是日本国内每行驶22万公里就会发生一起事故。虽然这只是粗略计算，但重要的是得出的数字没有相差太多。美国的情况是每50万公里出一次事故，这个数字和日本的22万不算很接近但也还算数位相合，所以我认为22万这个数字是可以作为参考值使用的。

在宏观统计中，要先判断数字的数位是否一致。

谷歌无人驾驶汽车平均行驶21万公里出一次事故，全美国有人驾驶汽车平均行驶50万公里出一次事故，全日本有人驾驶汽车平均行驶22万公里出一次事故。谷歌的无人驾驶汽车的事故率比美国的平均情况要高，但是考虑到这项技术仍停留在试验阶段，所以不能这么快就判定无人驾驶汽车是危险的。客观来说，谷歌无人驾驶汽车在这6年的公路测试里只出了14起事故，已经算是不错的成绩了。在试验阶段就能取得这样的成绩，在将来无人驾驶汽车量产之日，平均事故率也许会大幅降低。

考虑投资无人驾驶的人听到这则新闻时，会作怎样的投资判断，这全看他们是否具备数学头脑了。当他们对14这个数字反应过度时，就可能会认为无人驾驶技术在未来很难普及，就会持观望态度。但是在作数字比较时，14这个数值并不足以称得上是危险的。可见，当你开始重视数字时，投资和事业才有发展的可能。

还有一点非常重要，在得知某消息的时候，不要被传话者的言语表述影响判断。要避开语言的迷惑，使用数据来验证判断是否合理。即使没有完全掌握准确的数据信息，但只要数位一致，结果就不会差太多。

如果运用了金融工程学知识就能预测股价吗
——随机漫步理论

说到数学头脑与金钱的关系，就要谈到投资理论和金融理论。最近，由于金融工程学的发达，熟练运用数学和物理学方法的投资理论越来越多。实际上，在运用了这些知识的对冲基金上，出现了较多理工学科出身的人。读金融工程学书的时候，由于书中尽是理工类的知识，所以那些不太了解相关知识的人就会觉得那方面的知识自己并不懂，因此选择放弃。这些新理论的核心虽然是金融工程学，但是并不是一定要学习了金融工程学之后才能获得投资成功。因为，**从金融工程学中得到的结论，是不可能让全世界只有你一个人抢先于他人在投资中获利的，**所以出现了那种100％领会了金融工程学的成果却在投资上失败进而放弃的人。但他们为何要放弃投资呢，他们至少可以选择投资那些日经平均股价指数稳定的联动型股票。

但现实情况是，比之前更积极投资的人数量暴增，因此促进了许多投资基金的出现。也就是说，投资已经变成了用自己的钱来验证金融工程学不足之处的一种行为。这样的话，理解金融工程学覆盖面的大小就非常重要了。乔治·索罗斯（George Soros，1930—）和沃伦·巴菲特（Warren Buffett，1930—）都是世界有名的投资家，而且也都保持高尚的哲学思考。索罗斯曾经的志向是做一名哲学家。当然，二位都是对金融工程学具有深刻见识的人。但是，在他们的投资活动中，可以看到他们对金融工程学知识作出否定的一面。反过来说，把金融工程学作为反面教材也非常重要。

粗略分类投资理论

在世界上存在非常多的投资理论。从本章开头提到的金融工程学，到投资经验之谈，再到都市传说性质的投资理论，这些投资理论涉及方方面面，我虽然没办法给它们分类，但是勉强可以整理成两个对立轴。

① 股票价格是否跟随特定的趋势变化

② 如何看待市场的效率性

在投资理论中最大的对立点就是①中提到的"股价动向是否存在规律性"，也就是说能否提前预测股票价格。投资理论中一个主要的领域就是**技术分析**。技术分析认为股价会跟随特定的趋势变化，透过比较现时和过往的股票价格，可以预测未来价格的走势。在股票书籍和投资网站上看到的股票分析图表，使用的就是典型的技术分析。技术分析中最重要的是要站在这样一个立场：

通过分析过去的股价波动,来预测未来的股价。

另外,也有一种思考方式是站在它的对立面的。在投资股票时除了可以使用技术分析,还有一种是**基本分析**,它认为从股价的细微变动上无法预测未来的股价。基本分析只能用来预测企业发展前景,从而大概测算理论上的股价,最终形成相应投资建议。另外也有一些投资家,比如理财分析师,他们认为市场受特定势力控制,受到人为监管控制,所以广义上讲,股票价格并不会跟随特定的趋势变化。在这些投资理论中,最严谨的且认为股价无法预测的就是金融工程学了。

金融工程学核心理论之一就是**随机漫步理论**。它认为股票价格是无规则的,无法被事先预测。短期内的股价变动就像物理学的分子活动(布朗运动),所以这个理论也被运用在股价分析中。股价随机变动,指的是将来的股价与之前的股价之间不存在相关性。也就是说,不可能通过分析之前的股价来预测未来股价。这么看来,它和主张股价可以预测的技术分析是完全对立的。

投资理论的第二个对立轴就是关于②市场效率性的问题。这个争论围绕着市场是完善的还是有欠缺的展开的。

与随机漫步理论并肩的是**效率市场假说**。1970 年,美国金融学家**法玛**(Eugene F. Fama,1939—)提出了"效率市场假说"。市场是基本上充分反映所有可用信息来形成价格的资本市场。假设市场是有效率的,那么过去的股价或财务等所有的信息在当时立即被反映从而形成了股价,过去的股价就完全不会对未来的股价产生影响。而且,目前的财务状况以及基于此对未来情况的预测,可以形成一个合理的期待。因此,不会出现低价的股票被放置不管的情况,也就得出筛选审查财务信息是无用功的结论。

对于那些坚信效率市场假说的投资家而言,技术分析和基本分析都是无意义的,他们的结论就是不存在比投资指数基金更好的投资方法。

整理以上内容,人们对于股价波动是否存在规律性的问题,各执己见。此外,在认为股价波动不存在规律性的那些人当中,他们也在争论市场是否有效。

股票投资就是放长线钓大鱼

技术分析认为股价的波动存在规律性。让我们认识一个新概念:股价变动没有规律性,市场缺乏效率,市场仍存在很多不完善之处,这导致赚钱的机会遍地都是,这个概念叫做基本面。基本面的立场是,市场在形成过程中常常会出现很多小错误,要在这些小错误被修复之前采取行动,就能抢在别人前面获利。前面提到的乔治·索罗斯和沃伦·巴菲特等许多投资家都站在这个立场。索罗斯曾经认为英镑价格受到英国政府的干涉被抬高了(他认为当时的英镑价格严重背离了实体价格),于是大规模抛售英镑从而获得一大笔收益。

如果用学术性的手段来检验股价的变动,短期内的变动基本都符合随机漫步理论。因此,金融工程学中提出的理论看起来大概都是正确的。但是也有不符合随机漫步理论的例子,这其中就蕴藏着发财的机遇。

最后,从理论上来说,比别人取得更好的投资成绩并非不可能，但是这在现实中确实是一件比较难以实现的事情。**如果想实现财富的安定增长，那么就按照金融工程学的知识，不要勉强，投资那些在日经平均指数还不错的股票。**但是这样做的话，收益顶多只能达到平均水平，不会有很多的财富进账。试想特意冒着大风险投资股票，如果一路顺风顺水也没得到巨大收益的话就没什么意义了，不如碰碰运气。实际上，笔者就是这样走上发财道路的，但是一定要事先清楚机遇与风险并存的道理。

LEARNING

【布朗运动 (Brownian movement)】

被分子撞击的悬浮微粒做无规则运动的现象。是由于溶剂中热运动的分子对微粒子的不规则冲撞引起的。这一发现，帮助人们认识到微观的分子及其运动的客观存在。

如何运用数学知识辅助理解凭直觉无法理解的事情

——爱因斯坦的相对论

当你具备了数学头脑，即便遇到凭直觉也很难理解的事情，你只要运用数学算式或数学模型，问题也可迎刃而解。在这个世界上，有时会出现一些单靠直觉无法破解的难题。当你避开了这些难题后，选择了一条简单的道路，也许就等于你放弃了一个登上财富顶峰的机会。因此，具备数学头脑是多么重要啊！

　　最近几年,世界上涌现的亿万富翁大多是 IT 公司的创始人。比如微软公司(Microsoft Corporation)的比尔·盖茨(Bill Gates,1955—),谷歌公司(Google Inc.)的联合创始人拉里·佩奇(Larry Page,1973—)与谢尔盖·布林(Sergey Brin,1973—),特斯拉汽车(Tesla Inc.)的埃隆·马斯克(Elon Musk,1971—),以及亚马逊公司(Amazon)的创始人杰夫·贝佐斯(Jeff Bezos,1964—),等等,都是这一时期的代表人物。

　　他们并不是只擅长编程的 IT 宅男,不然是无法取得现在的成就的。他们的共同点是**拥有一颗要通过 IT 来统治全球的野心,在这背后,他们擅长使用统一法则来解释世界上发生的事情,这在很大程度上归功于他们的数学头脑**。贝佐斯曾经立志要做一名物理学家,马斯克在大学时期专攻的是高能物理学(尽管他在学校里只度过短短 2 天)。

　　在商业世界里,比起单纯能否会编程,数学头脑的作用更加重要。反过来想,只要拥有了数学头脑,就可以将它活用在各行各业里。

连爱因斯坦都无法完全理解它吗

　　当我们谈到数学头脑的时候,我想到有一个概念绝对是我们没办法用直觉和常识来理解的,那就是爱因斯坦的**相对论**。相对论是由**爱因斯坦**(Albert. Einstein,1879—1955)创立的,它奠定了现代物理学的基础。我相信几乎没有人还没听说过爱因斯坦和相对论这两个名词吧。相对论中的世界观是我们普通人依靠常识根本没办法理解的。用最简单的话说，一个静止的人看一个匀速运动中的物体时，物体的长度会缩短，运动时间会放慢。更为重要的是，无论从哪个视角出发，这个现象都是始终存在且成立的。举个例子，在一个场景里有一个 A 和一个 B，A 是静止的，B 是运动中的。B 离 A 越来越远时，在 A 看来，B 那里的时间比 A 要慢，但是，在 B 看来，A 离 B 越来越远，而且 A 那里的时间比 B 要慢。当我们要同时确认这两件事情的时候，就会发现同时出现了两种不同的时间速度。

在我们的常识里，这种情况是绝对不可能存在的。我在写上面这些话的时候，我自己都是稀里糊涂的，完全不理解它的含义，更谈不上认不认同了。既然这个理论是爱因斯坦提出的，那么，他自己能搞清楚"不同情况下时间的速度也不同"这个说法吗？当然，已经没有人能够直接问他这个问题了。但是，爱因斯坦本人恐怕也没能彻底理解这个理论。可是他为什么会创立出一个连自己都没搞清楚的理论呢？那是因为，**抛弃直觉带来的先入为主的观点，其实是能够有逻辑地、彻底地考虑事物，这种事情倒是完全有可能做成的。**

相对论是演绎与归纳的完美教材

无论何时，观测到的光的速度都是同样的。爱因斯坦以这个现象为基础，提出了"无论使用何种方法都无法超越光速"的假说（光速不变原理），从而推导出了相对论。用常识来思考这个实验结果和假说内容的话，会觉得它是非常奇怪可笑的。举个例子，人在一辆时速 100 公里的电车上,向行驶的前方投出一颗时速 100 公里的棒球,那么这颗球的时速就会变成 200 公里,一般我们都会这么认为吧。这次,我们站在时速 100 公里的电车上打开手电筒射向前方,那么根据以上逻辑得出这道光的速度应该就等于光速与 100 公里/小时的和。但是实际观测的结果是这道光的速度和光速是同样的,并没有多出 100 公里/小时。也就是说,在常识中不可能发生的事情,在实验中被证实了。

一般人会怀疑是不是实验方法不合适,但是爱因斯坦并不这么认为。既然多次实验的结果都是一样的,那么这个实验就是正确的,因此他提出了光速不变原理的假说。他认为这个假说适用于在那之前的所有物理学法则,即使得出的结果不合常识甚至让人难以理解。顺便一说,速度等于距离(长度)除以时间。如果完全无法超越光速的话,那么速度越快的时候,距离会缩短还是时间会变长呢?它的结论是,运动中的物体的长度变短,时间的速度降低(洛伦兹变换)。

虽然得出的结果不符合常识,但是在将结果带入之前所有的物理法则之后,就得出了闻名世界的公式 $E=mc^2$,这预示着原子弹能够被研制出来了。实际上,当原子弹研发成功时,它的能量和算式计算出的结果完全一致,这时不得不承认爱因斯坦的算式是正确的。

如果遇到用常识无法理解的问题,不如从一个假说出发,躲开常识的陷阱,然后把逻辑组合一下。即使是不合常理的内容,只要得出的结果与实验结果相同,那么我们就认为过程也是正确的。也就是说,爱因斯坦从一个假说出发,进行了彻底的"演绎"才得出了这个巨大的成果。而且,根据最初提出的假说和多个实验结果都是相同的,这就是通过"归纳"得出的结果。爱因斯坦以归纳法得出的结论为基础,对此进行了彻底的演绎,从而找到了真理。

我在后面会详细解释归纳和演绎,它们都是我们在思考问题时所要用到的非常重要的方法。我们不可以只偏向归纳法或只偏向演绎法。如果我们不能熟练运用这两种方法,就无法发挥它们的真正价值。相对论完全活用了归纳和演绎,可谓最好的教科书。

无论逻辑多么重要,只要被语言表达迷惑,人类就有可能被情感干扰判断,最终无法进行合理思考。但如果具备了数学头脑,面对不明白的事情暂且先用数学的方式来处理,这样就可以在理清逻辑时发挥更强大的威力。

LEARNING

【原子弹】

运用了质量与能量相同的相对论而研制出的武器。利用铀235 等原料使原子核分裂,分裂后产生的物质质量,比分裂前的物质质量要小得多,二者的差分就成了爆炸的能量。

擅长运用演绎法的人容易发财

——演绎法与归纳法

爱因斯坦的相对论是归纳法与演绎法结合的典型例子。接下来我想详细说明一下归纳法和演绎法。对于那些立志成为资本家的人来说,具备将二者熟练运用的能力是非常重要的。

连小朋友都凭本能使用的归纳法

所谓归纳法,就是在观察了多个事物之后,从中找出它们的共通点,再运用到一般的法则中。举个例子,如果你读了很多有关有钱人行为的书,就会发现这些书里会写道,"因为有钱人不浪费时间所以他们才变成了有钱人"。在若干个例子中,如果都可以发现"不浪费时间就能成为有钱人的话",那么就可以认定"如果不浪费时间就有可能成为有钱人"的这个法则是成立的,这就是归纳法。

对很多人来说归纳法并不陌生。在做市场分析时常会用到归纳法,在日常生活中也会无意识地使用归纳法思考问题,即使小朋友也会天生用归纳法说服别人。当小朋友要爸妈给他买玩具时通常会说:"健健也有,yumi 也有,光一也有,**我也应该有**。"这就是一个很好的例子,体现出归纳法是由个别到一般的逻辑方法。反过来就是演绎法,演绎法的形式是"如果 A 那么 B""如果 B 那么 C",把逻辑串起来,得出最终结论。比如,由"人都会死"和"我是人",得出"我一定会死"的结论。

刚刚写道"因为不浪费时间所以变成了有钱人"这句话,拿它作为例子,如果这句话是正确的,那么接下来的推导就是成立的:"如果不浪费时间就能变有钱"→"我没有浪费时间"→"我能变成有钱人"。

演绎法是可以生钱的思考方法

我们在分析市场动向,思考商业计划,或者在选择投资对象时,会无意识地使用归纳法和演绎法。如果能让它们以一个更加清晰明了的形式出现,那么我们对事物的分析和判断水准都会有飞跃性的提升。

笔者接触过很多资本家,总的来说,他们都很擅长使用归纳法和演绎法来思考问题(虽然也有一些人从没听过归纳法和演绎法这种书面的说法,但是会熟练使用这两种方法),尤为突出的是他们运用演绎法的能力。归纳法是大家都非常熟悉的方法,就像刚刚例子中提到的,即使是小朋友也能在无意中使用归纳法。而且,在日本这种以机械背诵记忆为核心的应试教育环境下,归纳法的训练就变成了日常操作,大多数人自然而然就掌握了归纳法。但是,并不是每个人都能轻松掌握演绎法。**当大多数人都擅长归纳法时,那些同时也擅长演绎法的人就会处在非常有利的地位。**

就像爱因斯坦的例子,在通往巨大成功的道路上也许会得到意想不到的结果,但是得到的大部分结果都是处在常识范围内的。常识性的分析结果衍生出常识性的行为,这个应该不难理解,但是,为了得到比别人更多的财富,就一定要有比别人更独特的想法。在这一方面,那些能够熟练运用演绎法的人,就很容易产生更独特的想法。也就是说,有钱人有更大的可能性会通过熟练运用演绎法取得经济上的成功。

请证明"乌鸦是黑色的"

在运用归纳法和演绎法时,有几个点是必须要注意的。如果在这里失误了,那么好不容易想出来的方法也就失去意义了。

在使用归纳法时最重要的一点就是要选取质量好的样本。若样本数量太少,或者太偏的话,得出来的理论一般来说是不能够反映普遍情况的,所以要时常检查自己选取的样本是不是过于特殊。

在那些由媒体主导的舆论调查中,经常会出现质量不高的样本。舆论调查对象的电话号码是随机抽选出来的,因此那些接到电话回答问题的人常常成为讨论的对象,大家会怀疑他们的回答是否存在偏向。使用网络进行的市场调查也有类似情况。使用特定的网站进行调查时,也会担心并无法确定抽到的样本是不是存在偏向。各种市场调查几乎都是受归纳法指导的,所以重要的就是要检查其中是否掺入了偏见。

归纳法是否是科学的方法,在这一点上,实际上争议一直都存在。**澳裔英籍哲学家波普**(Karl Popper, 1902—1994)在著作中断言归纳法不是科学的方法,我相信有很多人都听说过这一观点。波普对归纳法的科学性的怀疑蕴含在"所有的乌鸦都是黑色的"这一句话当中。比如说,我发现 10 只乌鸦都是黑色的,那么按照归纳法就得出"所有乌鸦都是黑色的"这样一个结论,但这无法证明全天下不存在一只不是黑色的乌鸦,因为没有人能把全天下的乌鸦都召集起来,所以就不能否认也许世界上有白色乌鸦的存在。因此,波普的主张是,既然是科学的方法,那么就不存在被反驳的余地。

虽然这是一个比较极端的例子,但也表现出归纳法不够严密的特征。**由归纳法得出的结论总归是个推测的结果,所以必须要谨慎处理和看待**。波普重视严密性,对于在本书第五章中出现的范式论,他也使用了同样的表达批判了一番。

顺便一说，那位曾经立志做一名哲学家的投资家乔治·索罗斯非常崇拜波普，但有趣的是，他在投资理论中对演绎法进行了彻底的运用。

"如果不浪费时间就能变有钱"→"我没有浪费时间"→"我能变成有钱人"，在这个流程中，"如果不浪费时间就能变有钱"这个前提是普遍且必要的。这个例子中包含了由若干本关于富人的书中通过使用归纳法推导出来的结论，所以可以认定它具有很高的普遍性。

但是，某富豪说过"不考虑细枝末节，大手大脚花钱的话就能变有钱"，把这句话套用到上面的推导流程中会发生什么呢？

这句话只适用于讲这句话的富豪个人的情况，而不是适用于所有人。也就是说这个前提太缺乏普遍性。在进行演绎时，如果使用了这种普遍性很低的前提，就难免会犯很大的错误。因此在使用演绎法的时候，必须要检查前提的普遍性是否达到要求。

先行者总是常胜吗

那些能够帮助投资和商业获得巨大利益的决断都不是理所当然简简单单就能得出来的，因此，难以预料演绎法的使用前提具有多大程度的普遍性。**推断出自己想要使用的前提具有多大程度上的普遍性，这种能力能够决定演绎法的成败**。我们来看一个案例，有人考察了网上预约服务的未来情况。在日本有一个很有名气的网站叫做"一休（ikyu. com）"，我们可以通过它来进行网上预约餐厅和酒店。在以电脑为互联网中心的时代，一休红极一时，2015 年被雅虎（Yahoo!）高价收购。一般来说，我们会认为，既然它已经有那么高的知名度了，如果智能手机普及了，一休再建立起它的手机客户端网站，不就能继续维持它的现有市场份额了吗？ 也就是说，虽然现在已经进入了智能手机时代，但考虑到经营战略，不建议其他公司和一休正面竞争。

　　然而也有人认为，由于手机端的客户群和 PC 端的客户群是不同的，所以如果自己能够提供手机端专享服务，那么就有可能和一休竞争了。这里的前提是"在所有的服务上都能保证手机端的客户群和 PC 端的客户群是不同的"。当我认为这个前提具有普遍性时，会这样考虑：尽管一休是该行业的先行者，但如果市面上还没出现能和它在手机端形成竞争的对象，那么我一定会毫不犹豫进军这个市场。反过来看，如果这个前提不具有普遍性，得到的结论就是不建议踏入这个市场。究竟哪种做法是明智的呢？ 由于这种案例不多所以无法通过归纳法得出结论。唯一能做的就是根据有限的信息，自己作出最终决断。

LEARNING

【卡尔·波普】

　　他是一名彻底追求区别科学与伪科学界线的科学哲学家。他痛批了"无法反证的理论就是不科学的理论"这一说法。他有很多政治性的发言，在其著作《开放社会及其敌人》中，强烈否定了非民主的全体主义和共产主义。

CULTURES OF CHAPTER 3

● 磨炼数学头脑,减少感性判断。

● 避开语言表达对信息与数据的污染,切忌囫囵吞枣不假思索。

● 即使冒着巨大风险,为了财富碰碰运气也是可以的。

● 如果能分开运用归纳法和演绎法,获得真相的可能性就会变高。

● 要常常检查演绎法的前提够不够普遍。

4 第四章

促进经济头脑的信息工程

众口之言即为真理

——集中智慧理论

当今时代，一切商业内容都与 IT（信息技术）密切相关。即使是对 IT 不太关心的人，也能切实地感觉到，与 IT 相关的教养是非常有助于资产形成的。

然而，无论是熟练使用电脑和平板等 IT 设备，或是具备编程的相关知识，仅仅会这些都不足以让你拥有财富。虽然掌握这些技能有一定的重要性，但归根结底它们也不过是 IT 相关的实操技能，而培养 IT 方面的教养才是最重要的。IT 方面的教养，换句话说，也就是从本质上理解 IT 到底是什么的能力。其实这种能力的拥有和所谓的学习的文理科并没有什么关系。

能够比新闻报道更早得知事实的原因

IT方面的教养之一就是**集中智慧**。简单地解释，就是众口之言即为真理，多听大家的意见是非常重要的。可能很多人会觉得，这不是理所当然的事情吗？笔者的第一感觉也是如此，但事实却并非如此简单。要使众口之言即为真理成立，有一个前提是不可或缺的，那就是意见的多样性和独立性必须是有保证的。

无论众人的意见有多繁杂，如果他们所获取的信息都是来自同一个信息源，即在同一组织内，那么在从众的压力下形成的意见是没有任何意义的。要把身处不同立场的人，基于各自独立条件下所获得的信息而得出的多种见解综合起来，以这种看似不可思议的方式推出正确的结论，这就是集中智慧的原理。

这种方法在学术界被用于发掘优秀的研究者。发表的学术论文被引用次数多的研究者，他做出优秀研究的可能性也很高。由于学者基本都是基于自己的知识和价值观作出独立判断，因此论文的世界里就更容易出现这种集中智慧。

股票市场里也存在同样的机制。在1986年发射的航天飞机"挑战者"号的事故中，由于股票市场集中智慧的存在，在正式的报告书出来很久前市场从业人员就推测出了事故的原因。在事故刚发生，还未确定原因时，引起飞机上燃料泄漏的O形环的制造商股票就开始下跌。而当新闻报道中指出O形环出问题是导致事故的原因时，该公司的股价早就已经一落千丈了。

股票市场，特别是美国的股票市场是面向全球开放的，许多参与者都是以自己的信息源为根据进行交易,这样一来,他们的意见就具备了独立性和多样性。

说到集中智慧和IT方面的教养之间的关系,我们日常使用的搜索引擎,就是在集中智慧的基础上设计出来的。用搜索引擎搜索某个关键词,搜索引擎上会显示和这个关键词相关的网站,而决定这些网站排列先后顺序的算法,就是集中智慧的应用。

在搜索引擎中,包含多个链接的网页记载正确信息的可能性更高。基于这种假设,相互链接较多的网站会优先显示在搜索结果中。当然,显示顺序并不是这么简单就被决定的,但是这种算法会一定程度地反映在搜索结果中。

一个人是否了解这个原理,会影响他使用搜索引擎的方式。**具有富人潜质的人会在了解搜索引擎算法的基础上决定要输入的关键词**。如果随随便便输入一个关键词的话,是无法得到理想的搜索结果的。搜索引擎中显示的网站顺序是根据输入的关键词,结合大多数人的想法而确定的,其中最重要的就是大多数人的想法。

这一原理与我们在经济学一章中提到过的凯恩斯提出的"选美理论"类似。身为投机者的凯恩斯认为股票投资就是选美,在选美比赛中,应当把票投给大家公认的美人,而不是投给自己认为美的人。投资股票也是这个道理,不能买自己一厢情愿认为会涨的股票,而应该投资被众人看好的股票。搜索引擎就是运用了这一原理,大家都认为重要的内容会显示在搜索结果的前列,而实际上它们是否重要其实是无法确保的。

要确认某条信息是否是真正重要的信息,就需要更换关键词进行搜索,在多次改变搜索条件之后仍然每次都出现的信息,就是真正重要的内容。即使更改搜索条件,也出现同一结果时,那也就说明这一结果大约就是正确答案了(这种方法被称为归纳法)。即使出现错误,也能通过这种方式确定网上有没有其他的信息存在,从而有助于分析问题。

反过来看,只要在关键词的设定和组合上下功夫,就有可能获得在普通搜索中被隐藏,而只有自己搜索到的信息。在网上搜索商业和储蓄方面的相关信息时,最好不要只是单纯地搜索,而应该置换搜索条件和关键词(使用同义词或近义词代替等方法)进行多次检索。笔者就曾多次使用这种方法获得了快人一步的有利信息,并把它们活用到工作中。

真相可能是人为捏造的

互联网上的"真相"是由多数人的意见所决定的,在网上能否出现真正意义上的正确信息,取决于上传信息到网上的每一个人。对于这一点,笔者近来关注得比较多。最近上网搜索时发现,日语网页中有益的信息有减少的倾向。用日语搜索某个内容时,出现的信息都是重复的,没有真正想要的内容,无奈之下用英语关键词搜索后,会发现更容易获得需要的信息。

语言的背后是文化,英语圈和日语圈中比较丰富的信息内容必然是各不相同的。笔者经常以软件的使用方法等全球共通的主题进行搜索,虽然搜索的主题不可能覆盖所有的领域,但是用日语几乎无法搜索到有用的信息，而换成英语搜索之后，笔者就得到了需要的内容。

综上所述，要创造出正确的集中智慧，手握不受任何人影响的独立信息，并自主地把它们上传至网络的人才是关键。

但是，当出现使用推特转发话题的这种参与者不自主上传信息，而是复制某人已经发布的内容时，网上就会充斥着大量重复信息，信息的多样性和独立性也会随之减弱。而如果原内容并不正确的话，就会呈现谣言漫天飞的状态。

我们并不知道日语网页中是否出现了这种情况，但是在以集中智慧为前提所营造的网络空间里，当信息提供者（即网络中的参与者）的意识不够时，就有很大的可能性出现上述情况。尽管这一问题存在已久，但在互联网业已成为社会公共基础设施，并为人们的生活带来许多便利的当下，它对某种语言体系下网络参与者的知识水平的高要求也是无法忽视的。

在扁平化的商业世界中致胜的秘诀

——横向分工理论

IT 世界里有一种独特的思路叫**横向分工**，这种形式最早出现在软件的构造里，最终扩大到整个产业结构。尽管日本企业拥有优秀的技术，但最近在国际上的竞争力是呈下降趋势，出现这种情况的原因之一就是企业缺乏横向分工的意识。

各司其职才能进展顺利

现代软件的制作是以其职责来形成阶层构造的。以智能手机为例,它是以负责连接互联网等功能的OS(基本操作系统,如安卓等),再搭载一些独立制作的APP(应用程序)而构成。OS不会了解和干涉APP的内容,APP对OS的内容也不得而知。APP要连网获取信息时,就会按照预先设定好的规则向OS发出连网请求。负责传送双方请求的部分被称为交互界面,APP的开发者和基本操作系统的开发者并不需要知道对方的软件内容,只需要了解能够在交互界面进行交流的语言即可。

之所以会形成这种形式,是因为软件的规模在扩大,现今我们难以把所有需要的功能都实装到一个软件中,所以就只能让各软件发挥各自最擅长的功能,而彼此不知道其他软件的内容,这样反而提高了开发和操作的效率。这种方式就是一种层次化,也可以称为抽象化。

在IT世界中,层次化和抽象化已经贯彻到所有领域,实现了彻底分工。谁也无法凌驾于他人之上进行管理。而对于这种状态,有些人会感到不安。

但在现实中,比起强行进行中央集权式的开发和支配,在大规模开发系统时使用这种分工方法,能更加高效地推动进程。对于理解IT世界和培养IT方面的教养来说,这一概念至关重要。

特斯拉领先于日本汽车工业的原因

层次化和抽象化的概念不仅存在于软件领域,还延伸到了硬件领域和商业模式中。对这种概念的敏感性在现代商业和投资中是不可缺少的。在电动汽车领域,走在世界最前端的是特斯拉汽车公司。电动汽车的核心技术是蓄电池,特斯拉在蓄电池领域也秉承着 IT 的价值观,从而取得了巨大成功。

开发制造能够使电动汽车实现高速行驶的高性能蓄电池是一件非常艰苦的工作,稍有不慎就可能导致爆炸事故,因此研发需要非常谨慎。事实上,在蓄电池技术方面,日本企业曾经是独领风骚的。制造功夫了得的日本人擅长开发高性能的蓄电池,日本企业也曾热衷于生产电动汽车。虽说各家公司都积极开发高性能蓄电池,却没有研发出特别先进的技术,所以这些企业在刚开发出产品不久就被新兴企业赶超。究其原因,正是因为缺乏 IT 思维。

日本制造商打算从零开始研发电动汽车专用的大容量高性能蓄电池,然而特斯拉却转变思路,把几千块干电池连接在一起来达到目的。诚然,由于干电池在设计时并没有考虑到这种使用情况,如果其中有一个干电池出现问题,就可能导致严重的事故。但是,特斯拉运用了 IT 思维,即使干电池原本不是作此用途的,也可以通过软件操纵来保证安全性。虽然不清楚具体的细节,但特斯拉采用的基本结构就是将几千个锂离子电池相连接,并分区加以分别操控。当出现危险情况时,可以通过操控软件把发生问题的区域进行隔离处理。**只有具备了 IT 领域中抽象化和层次化的意识,**

才可能运用这种思路。

即使拥有极高端的技术，仍然只能步特斯拉后尘的日本企业，其实质就是缺乏了这种 IT 思维（而且，上文中的单个电池也是日本制造的）。

横向分工中组织的工作方法也会发生改变

这种 IT 思维会延伸到整个商业模式中。在制造业界，从很久前就开始采取了分层结构的分工模式，很少有一家制造商包揽从生产零件到组装的全部环节。苹果公司把 iPhone 从零件生产到组装的整个业务都分离出去，本部只负责开发产品和市场营销。

这种流程也为一般企业所采用，在一如既往利用公司内既有的资源完成人事、总务和管理的工作基础上，它们再利用互联网已经非常发达的云采购功能把公司除核心业务以外的工作都轻松外包出去。经营管理业务的承包方都是专家，能够干脆利落地完成工作，但是他们并不会知道甲方公司内部业务的处理流程和内容，因此只要好好设计交互界面即可（即明确指出需求的内容）。这种方式既高效又节约成本。

信息系统也不例外。近日美国亚马逊提供的面向企业的云服务正在迅速普及，这种服务能以系统的时间和使用量为单位进行租赁，和优衣库的快销模式一样，企业通过这种方式可以把自家公司的信息系统完全交给亚马逊打理。

通过上述流程，企业中业务的层次化（横向分工化）得到了进一步的推进。对于企业来说,在公司内部保留除了核心业务以外的业务内容的意义已经不大,企业的组织结构也会变得更加简单。**IT 的价值观正在改变着企业的组织形态和工作方式**。

大多数日本企业对横向分工的理解还停留在教科书式的"学习"层面,在实际中仍旧无法摆脱传统的垂直式分工。本书把与人格和行为关联起来的系统化的知识和思维方式定义为"教养",可惜日本企业虽然有"知识",却缺乏了一些"教养"。

IT 价值观的渗透对于坚持传统形态的人来说可能是一种威胁,但对于积极捕捉变化的人来说却是绝佳的良机。在 IT 知识的基础上,重新定义商业和投资的人才是未来的赢家。

LEARNING

【交互界面】

人与机器,或者机器与机器之间的信息交换界面,或指在该界面中进行的信息交换步骤和规则。交互界面是预先设定好的,无需交换双方的内容就可以使双方相互连接。

如何以压倒性的速度处理工作

——参考的局部性

IT 是关于信息处理的技术,因此在 IT 领域特有的现象也往往能应用到现实生活中。

同一信息极有可能被再度利用

在计算机中有一个元件叫做 CPU(中央处理器),它可以称之为计算机的大脑。在 CPU 中无数的运算进行着,这些运算是通过把事先设定好的几百个命令组合调出而得以实现的。曾有计算机研究人员为了测试命令的使用频率而进行了实验,得出了非常有意思的结果。

这个结论就是,一旦使用了某个命令后,有很大的概率会出现使用者紧接着使用同一个命令。因此,计算机系统就设计成在执行某个命令后,自动假设紧接着会再次使用同一命令,并立刻读取出这一命令。这样一来,计算机的处理速度就大幅提升了。同理可以得出,在使用某个命令时,很大概率上需要参考和它相似的命令,现在的计算机就是在此基础之上设计的。

计算机的运行是人类发出指令的结果,所以我们可以推出,在人类的生活中也会出现同样的倾向。比如,我们在参考完某份资料后,很可能需要再参考同一份资料或者相似的资料。经济学家野口悠纪雄在他的畅销书《超级整理法》(中公新书,1993 年出版)中把这一假设运用到了信息整理技术中,野口先生主张资料无需分类,只要把最近使用过的资料放在最容易拿到的地方就行,因为这些资料再次使用的概率很高,所以这样做能够实现高效的书籍整理。

的确如此,之所以野口先生能够提出这种方法,正是因为他有着深厚的 IT 教养。野口先生是日本大藏省(现日本财务省)官员出身,按常理推测他的背景应该偏向文科类,但其实野口先生的大学专业是应用物理学,这在大藏省官员中也是独特的存在。他能发明出超级整理法,一定和他的专业背景脱不开关系。

IT世界中的方法,都是从如何使计算机高效运行的观点出发而创建的,然而计算机原本就是对人脑的复制和模拟,因此理所当然地和人类的操作密切相关。也就是说,IT领域的思路方法,也可以应用到实际生活中。

上文提到过,参考过一份资料后,会有很大概率再次参考这份资料,这种方式在网上阅览资料时非常多见。使用电脑上网浏览时,由于计算机预测到我们再次访问的可能性很高,网页就会自动缓存近期网页,而当再次打开同一页面时,即使不用连网,页面内容也会迅速显示出来。我们能够轻松浏览各类网站,就是这种技术的功劳。

这一特性的应用还延伸到了商业领域。高频率使用的资料和数据会被整理出来,无论何时都能为任何人所用。只要使用一次后,下次就可以非常快速地直接利用,这种方式大大提升了整体效率。当客户咨询某个问题时,这个问题很可能以前就已经出现过。在回答客户问题之前你是否明白这一点,就决定了处理的效率,长此以往工作会出现很大的差异。了解这种原理还有助于提升文件搜索的能力,可以大幅节约搜索资料所花费的时间。

参阅过的文件被再次利用的可能性高,这也和使用资料的频率和时间息息相关。当电脑中找不到所需资料的时候,把文件按照时间排序,就有可能找到。擅长查找资料的人会根据文件名、时间等方式给文件排序,通过更换文件排序的方式来找到资料。

堀江贵文曾说过一句话,可以用来解释只有具备IT教养才能更好地工作,"**已经固定的工作流程应当尽可能自动化,那样才能提升整体效率**"。工作效率高的人都在不自觉地采用这种工作方式,这已经完全可以说是一种直觉。然而,只要有 IT 相关的知识,即使缺乏这种直觉,也能够有意识地完成这些行为。

只有提高吞吐量才有意义

同样,在计算机工学领域,关于信息处理能力有两个概念,它们分别是**响应时间(Response Time)**和**吞吐量**。响应时间的含义就如同它的字面意思,指处理单个任务的时间快慢,而吞吐量指的是一定时间内处理的任务总量。每个人一天都只有 24 小时,人人一样,而要在这 24 小时内取得更多的成果,就需要麻利地工作,有效地使用这 24 小时。笔者在此仅仅使用了"有效"这个宽泛的概念,而具体如何有效地去使用这 24 小时,就很有探讨的必要。

为了提升工作效率,首先应该考虑提升工作速度,花费在一个任务上的时间越短越好,体现在计算机工学领域的话,就是要提升响应速度,也就是要提高计算机的 CPU 性能。一个任务如果能用双倍的速度来完成,那么成果也能翻倍。但是,处理速度并不是随随便便就能翻倍的,所以在速度不变的情况下,再多加一个人,两人一起完成任务也能加快工作进程。

假设我们有一个独立的任务,需要用硬盘来完成,那么在这个任务完成之前谁都无法开展下一个任务。即使在某个环节能够处理快速,一旦卡在其他环节,整个任务进程就停滞了。也就是说,就算提升硬盘的运行速度,如果 CPU 的速度没有跟上,整个任务的处理速度就仍然上不来，这种情况被称为瓶颈。

因此，我们所追求的终极性能，并不是响应速度，而是在一定时间内能够完成的任务总量，也就是所谓的吞吐量。

计算机工学领域的设计都是以使吞吐量最大化为出发点而进行的。固然，为了让吞吐量最大化，提高单个任务的处理速度很重要，但是仍然需要从多个方面，例如参与工作的人数多少为佳，任务中是否有瓶颈，一次批量处理多少任务等要素来进行综合考量。

虽然这是一种计算机式思维，但我们也可以把这种思维直接应用到商业领域。如何平衡时间和工作量？是否需要借助他人之力？采取何种速度进行工作？任务完成到什么程度？能够综合考量以上指标的人，才能取得最好的成果。

LEARNING

【瓶颈】

在计算机处理时出现的限制因素，会导致整体性能受限。该词意源于像瓶子的颈部一样是一个关口。在商业方面用于表示使工作陷入停滞的原因。

人工智能的普及让谁家欢喜谁家愁

——机械学习理论

最近，IT界最炙手可热的话题就是**人工智能**了，人工智能的普及无疑会大大改变我们的社会。对于勇于迎接变化的人来说这是一次绝佳的商业机会，所以，充分理解人工智能非常重要。

当下阶段，人工智能的重心在于学习

人工智能和传统计算机最大的不同就是处理问题的方式，具体而言，就在于需要人类预先设定好程序还是计算机自身能够学习的区别。在使用提前设定好的方式时，由于完全依赖编程内容，人工智能的能力就没有用武之地，就无法发挥处理意外状况的作用。但是，如果计算机能够自主学习，并根据结果自行处理，就可能取得更好的成果（机器学习）。

人工智能的学习是从收集正确数据开始的。例如，在判断一张脸是否在笑时，传统方式是由人设定好嘴角弧度、眼睛睁开的程度等判定标准，再输入计算机中（实际操作比描述的要复杂）。然而，使用人工智能进行判断时，方法是给它看很多张笑脸，让它自己学习如何判定笑容。

那么问题就出现了，该如何确定笑的范围呢？同样是笑，有的人只是单纯地笑，而有的人会讽刺地冷笑，还有的人皮笑肉不笑。给人工智能看多少种笑脸照片，会在很大程度上影响人工智能的能力。如果是由只知傻笑的人来教授人工智能，那么人工智能对笑的理解也会很粗浅，而如果是由对笑容有很深的理解和洞察力的人来教授，则人工智能的性能则会得到飞跃式的提升。

也就是说，在人工智能的时代，对人工智能施教的人扮演着非常重要的角色。他不一定非得是计算机方面的专家，但一定是在相应的领域内具有丰富的知识并能把其体系化，在此基础上具有一种平衡感的人。终极的人工智能应该是连学习方法都能够自主学习的，因此，能把事物的本质普遍化和把关键内容体系化的人在当下格外受欢迎。本书所定义的"有教养的人"，就非常适合人工智能的时代。人工智能发达以后，也许就不再需要编程，编程也不再是一种 IT 技能了。

创造性工作和高薪工作更危险

在上文基础上，我们可以想象人工智能社会中的很多状况都会发生颠覆性的改变。

野村综合研究所于 2015 年 12 月发表预测称，日本约有一半的劳动力将会被人工智能和机器人替代，最有可能被替代的职业就是普通办事员、组装工人、出租车司机、收银员等所谓的简单工作。另外，不太容易被替代的职业有艺术总监、经济学家、教师、护理员等需要创造力或者取得他人理解的职业。

然而，现实可能并不一定和野村研究所的预测完全重合，当然这并不是说野村研究所的报告有问题，这份报告做得非常好，但关键要看我们如何对其进行分析。此次调查是用本领域走在最前端的牛津大学所提供的算法进行的，对日本的各个职业从操作方面、创造性、社会的相互作用等各个指标进行评估，从而把该职业被人工智能替代的可能性数值化来得出最终的结果。但是，使用这种调查方法时要留意几个前提条件，比如，随着机器人的普及，也会出现更多管理机器人的工作岗位，在统计时需要把这部分予以排除,另外,机器人普及所需的成本也要作为考虑因素。

事实上,随着人工智能的发展诞生了一批新的工作岗位,所以工作岗位的数量并不是有减无增的。而且,无论机器人多方便,在人工费用更低廉的情况下,企业也会优先考虑让人进行工作。因此这种工作大概也不会完全消失。

在创造力方面,基本上可以说人类是具有优势的。但是,通过适当的学习指导,人工智能也可以运用在设计和音乐等需要创造力的领域。在分析上述调查结果时,我们也把这部分加以考虑。

淘汰的不是工作,是能力不足的人

那么,事实上人工智能是以何种形态普及的呢?无论人工智能和机器人多么方便,也不能应用到从成本角度来说不合算的工作中。所以,低薪且需要与人沟通的岗位的工作是不太容易被机器人替代的,而高薪却单纯依靠知识和能力的工作反而更有可能被替代,具体来说有医生、护士、飞行员、会计、播音员,等等。而且,需要创造力的岗位也不例外,网站设计、杂志编辑和音乐总监等都有被替代的危险性。

然而要注意的是,这些工作并不会完完全全被人工智能所代替。

上文已经说过,当下人工智能的重心在于对其的教育,也就是说,各行各业都需要人才来对人工智能进行教育。让这些人对人工智能予以支援,就能使在现阶段已经取得丰硕成果的人更上一层楼。所以，人工智能的普及并不是让工作消失，通过人工智能的普及，**尽管现阶段还没有产生多少附加价值，但它会淘汰那些业界中凑数混日子的人**。极端一点来说，没有任何工作会消失，消失的只是那些缺乏能力的人的饭碗。

这一真相比某些特定的职业全部消失更加残酷。

> **LEARNING**
>
> **【算法】**
>
> 为了解答数学问题的步骤和方法。在 IT 领域指程序的处理步骤。一般用来表示分析事物和解决问题的方法。

硅谷创业者为何陷入东方思维

——铃木大拙的佛教理论

众所周知，硅谷是 IT 业最兴旺发达的地方。硅谷位于美国加利福尼亚州的旧金山市至圣何塞市一带，是 IT 企业的聚集地。对很多人而言，硅谷就是一个 IT 地区，然而硅谷的形成过程实际上非常复杂，它和战争、东方思维以及嬉皮浪潮这些乍看之下毫无关联的要素紧密相关。

IT 技术其实是与哲学思维息息相关的。也是因为如此，IT 能够对人类社会产生巨大影响，进而转化为财富。为了了解财富的构成，了解 IT 在这一方面的背景是有益无害的。

IT 是对人脑的扩充

最早硅谷是作为军需企业的集中地发展起来的。在 1960 年前后，受嬉皮浪潮和东方思想潮流的影响，原本水火不容的军需产业和反体制运动奇妙地结合在了一起，逐渐形成了现在的硅谷。作为军需企业集中地的硅谷是如何变为弥漫着自由气息的高科技区，这其中的原因和过程非常有趣。

提到技术，人容易感觉枯燥无味，但实际上技术对于思想世界影响颇大。硅谷离旧金山很近，附近有加利福尼亚大学和斯坦福大学等学府，这对于军需企业来说可谓得天独厚。如今在 CPU 领域独领风骚的英特尔公司，当年也是销售额主要靠国防部拉动的典型军需企业。

此外，旧金山曾经是美国反体制运动的据点。20 世纪 60 年代到 70 年代，很多嬉皮士来到旧金山，苹果公司创始人史蒂夫·乔布斯曾经也是嬉皮士的一员。乔布斯年轻的时候吸毒、吃素，过着不剪头发也不洗澡的生活。他坚信素食主义者身上不会散发难闻的气味，即便被人指出他的体味问题也置之不理。乔布斯终生都是反体制派歌手鲍勃·迪伦的狂热歌迷。在被苹果公司赶出去的那段时间里，乔布斯对一切都感到绝望而闭门不出，每天都开着大音量听鲍勃·迪伦的歌曲。在当时的嬉皮士中，不少人沉迷于东方思想，乔布斯也不例外。日本佛教学家**铃木大拙**（1870—1966）用英文出版了许多有关禅的著作，佛教思想和嬉皮文化就这样紧密地结合在了一起。

独具个性的创业家，teamLab 的猪子寿之对于佛教思想和乔布斯的关联这样评价："乔布斯通过计算机扩张了人类的大脑，从而推动了人类进步。"乔布斯想把人类的大脑和计算机一体化，苹果的高度设计性正体现了这一点。这种价值观的基础，就是佛教的世界观。

军需企业与反体制活动其实是高度和谐的

硅谷有着大量和乔布斯一样，具备计算机知识却反体制性的并为东方思想所倾倒的年轻人。美国政府方亦不是等闲之辈，对于反体制派的年轻人并没有一味镇压，而是从中发掘具有天才头脑的人，让他们进入硅谷的军需企业，把他们的聪明才智应用到武器开发中去，同时也能监视他们不再从事过激的反体制活动。这一行动的结果就是，坐落在硅谷的美国军需企业中涌入了大量反体制派的年轻人，随着他们年岁渐长，已经上升至管理层，很多人自然会对自己的人生感到矛盾。美国有很多电影和电视剧就是描写这些人在面对自己的人生时不知如何自处的苦恼。

1981 年，里根政权以压倒性的支持率登上总统宝座，许多民主党人士都为共和党的里根投了票，这在当时引起热议。这些人被称为"里根民主党人"，而在军需企业中就职的前嬉皮士们，就是里根民主党人的代表。如今弥漫着自由气息的硅谷，就是在这群人向自己的人生妥协的过程中形成的。现在的硅谷聚集了来自世界各地的移民，更多不同的价值观在这片土地上碰撞，这成为硅谷创新的源泉。

军队的武器开发和主张反战、滥交、毒品的嬉皮士看起来完全是处于对立面的,然而这两个水火不容的存在却以技术为媒介奇妙地融合在了一起。无独有偶,亚马逊、微软和星巴克的总部所在地西雅图是美国西海岸屈指可数的军事港口,而波音飞机这一巨型军事产业的总部也设在此地。离洛杉矶不远的圣地亚哥是闻名的高科技集中区域,同时也是能够和西雅图比肩的大型军事城市,但是这里正是以冲浪和毒品闻名的西海岸文化的发源地。

从美国复杂的城市历史可以看出,不同的价值观和文化互相碰撞,对于创新来说可谓得天独厚的条件。

LEARNING

【嬉皮】

出现于 20 世纪 60 年代后期至 70 年代前期的一种生活方式,摒弃传统价值观和规则,信奉回归自然。与反战运动、民谣和毒品文化紧密相关。

CULTURES OF CHAPTER 4

- 搜索结果中排在前面的信息未必是重要信息。
- IT 时代,比起中央集权式的结构,横向分工制更有用。
- 与单个项目的速度相比,提升一定时间内能够完成的工作量更重要。
- 人工智能不会取代特定的职业,只会取代能力不足的人。
- 让看似水火不容的思想和技术进行碰撞,可以摩擦出伟大的创新火花。

第五章

洞察人类与财富构造的哲学

跻身富裕阶层的关键是努力、性格还是环境
——唯物论与观念论

　　通过学习和积累经验能否改变一个人？抑或与生俱来的性格和价值观是无法改变的？针对这个命题的哲学讨论贯穿了所有的时代。

　　从单纯的知识和学习能力来看，每个人之间有一定的个体差异，但是通过学习是可以在一定程度上提升能力的。然而，基本的性格和价值观却不是能够轻易改变的，谁都有过无论怎么劝说旁人，对方都不为所动的经历吧。但是人又很容易被自己所身处的环境影响，我们都听过很多人有了钱之后性格大变的例子。

　　想要取得社会上和经济上的成功，了解自己是很有必要的，在此基础上，我们也要充分地了解对手。这种情况下发挥决定性作用的就是对人类这个群体要有根本性理解。**赚钱是一个和人打交**

道的过程,因此,关于人是何种存在的哲学知识就能派上用场了。
接下来我们就围绕哲学谈谈这一观点。

柏拉图的理念论

哲学世界里,**唯物论和观念论**(又称唯心论)是处于对立关系的,它们对于人类世界的本源是精神还是物质持不同看法。观念论认为,意识具有第一性,认为人类工作的动力是源于取得成绩时的满足感,通过工作向世界作出贡献以及获取高额薪水等全人类共通的基本价值观,和其所处的周围环境并没有太大关联。而唯物论认为,首先要有物质环境,在其影响下才能产生精神层面的内容。唯物论的立场是,经历过贫苦岁月的人,对经济上取得成功的渴望会更强烈,这也能解释为何贫穷时的体验会使人生出贪欲。总之,唯物论认为物质的环境衍生出精神。

观念论的代表思想是古希腊哲学家**柏拉图**(约前427—前347)提出的**理念论**,意为理念是终极的存在。在理念论中,我们所处的现实世界是居于理念之下的。例如,人看到一只猫,会意识到这是一只猫,当看到其他猫时,也能认出它是猫,而且,即使猫从现实世界中消失,人脑中也会存留猫的概念。也就是说柏拉图认为,"猫"这一概念是凌驾于现实世界的猫之上的,所以精神是凌驾于物质之上的。柏拉图称这一现象为猫的理念论,哲学家**康德**(1724—1804)等人也是理念论的提倡者。

对于这种理念论,也有人持不同意见。如果没有人亲眼见过现实中的猫,头脑中无论如何也不可能凭空出现猫这一概念。然而,如果猫在没有被任何人看见时就客观存在的话,就产生了猫究竟出现于何时的问题。唯物论认为,一切都起源于物质,如果用前文的猫举例,其实猫的概念一开始并不存在,直到有人亲眼看见了猫,人类才创造出了猫这一概念。

成功的秘诀是理想还是环境

上文我们从哲学的角度探讨了猫的话题,但更重要的是观念论和唯物论在现实社会中价值观的不同。

观念论认为,由于意识是最先出现的,所以存在一种绝对的价值观,这一价值观是放之四海而皆准的。观念论者认为,**基于正确的价值观做出的行动,无论在何种情况下都会贯彻这一价值观**。人类的心灵很脆弱,容易被各种事情所动摇,但是只要从观念论出发,人类最终会秉承根本的价值观做出判断,进而采取行动。

任何公司的领导都会对员工进行关于未来愿景、工作基本流程等基本的精神层面培训。同理,新技术出现时,无论技术发生了多么大的进步,人类基本的行为也不会发生大的改变,在这一前提下,就可以得出观念论主张的理论。

而唯物论认为,新技术的登场等物理方面的环境变化会大大影响人类的意识。要想成功,就要让自己时常身处良好的社会环境里。领导的行为会因环境而异,员工的行为也并不是仅仅由精神层面的内容决定的,而是取决于周围的环境。领导与其向员工灌输愿景和做好心理准备,不如提高工资或者提供免费午餐等福利更能鼓舞士气。反过来,如果员工处在低薪或者担忧自己随时会被解雇的环境里,就不太可能尽全力工作。所以无论哪种情况,都说明了环境的重要性。

成功人士重视心灵的原因

这些哲学讨论都围绕着人类究竟属于哪种类型展开,内容也非常极端。而在现实生活中,人往往同时具有唯物论的一面和观念论的一面,根据不同的情况可以灵活使用这两种观点并赋予合理的解释。大部分在社会和经济方面取得成功的人士根据情况灵活运用唯物论和观念论的例子比比皆是。**成功人士在说到自己成功的原因时,绝大部分都会举出观念论层面的理由**。比起诸如怎样才能存钱的技巧,他们会更重视对待金钱和工作的基本态度和动机等价值观和意识方面的内容。这些就是成为富人所需要具备的观念,同时也是成功的秘诀。

而成功者在对待他人方面,往往是以唯物论为前提出发的,这一点在创业者身上体现得尤其明显。大多数人都明白只有彻底掌握员工的薪水和升降职等环境因素方面的主动权,才能取得更好的成果,也就是说要把员工视为管理的对象。也有一些管理者认为只要把企业文化灌输给员工,之后任其自由发展就能取得成果。但是,大部分管理者还是重视彻底管理的,这些人就属于用观念论对待自身,用唯物论对待员工的类型。

对于事物发展趋势的看法也一样,观念论认为先有意识,人根据意识决定行为,从而产生结果。也就是说,世界上发生的一切事情都是有其意义的。认为自己必将成功的人,往往真的能取得成功。唯物论却认为,物质的发展变化并不是由人的言行决定的,结果也不是必然,而是偶然的产物。佛教的世界观基本就是一种唯物主义。

成功人士中,有不少人也持有佛教"随缘"的价值观。在顺其自然的同时坚信自己必然成功,这种想法看似矛盾,却有可能正是成功的秘诀。

LEARNING

【康德】

德国哲学家。创立了后来被黑格尔继承的德国观念论,其著作《纯粹理性批判》非常有名。主张人不是看到事物才开始认识,而是人的认识产生了事物。这种看法被称为"哥白尼式革命"。

能在全世界赚钱的"构造"和在日本赚不到钱的"构造"

——结构主义和范式论

在日本,每当引进全新的文化和商业模式时,这些文化和商业模式是否必然会被排斥? 接下来我们就围绕这个命题展开论述。

很多人认为,由于日本与欧美社会情况不同,在欧美国家可行的商业模式放到日本未必行得通。也有人认为,既然在欧美国家可以适用,那么在日本也是没问题的。

软银集团总裁**孙正义**把自己的经营方法称为"**时光机理论**"。由于美国的发展程度超前日本好几年,所以把美国可行的商业模式引入日本的话,就有成功的可能。这部分利用的时间差,就可以比喻为坐上时光机。时光机理论下的经营方法在日本的商业和投资领域取得了一定的成果,日本电子商务领域的全部内容几乎都是从美国原样照搬的,并且在美国引起热议,其影响力也大多波及日本。比如现在正在热议的**共享经济**和**金融科技**(Fintech,IT 和金融的结合),就是在美国流行之后又在日本引起热潮的。然而,很多日本独特的习俗和文化,欧美人却接受不了。

即便日本快速地引入了美国的电子商务模式,但美国式的成果报酬型工资,以及不问国籍、人种的录用和升迁方式却并未在日本得以普及。上文提到过的观念论和唯物论的对比在人类社会是作为普遍的、根本的法则存在的。这一哲学问题基本兴起于基督教圈,因此,他们格外强调普遍性这一概念。然而,过于强调普遍性往往容易导致不能很好地把握现实状况。

追求绝对的法则固然重要,但是,先观察事物的结构会更易于掌握真理。像这样着眼于事物结构的思维,被称为**结构主义哲学**。从结构主义的角度出发,我们可以看出日本是存在着独有结构的。

用结构的观点看事物

结构主义是 20 世纪 60 年代兴起于法国的概念。在**索绪尔**(1857—1913)的语言学成果基础上,文化人类学者**列维·斯特劳斯**(1908—2009) 将这一概念普及全社会,**罗兰·巴特**(1915—1980)的符号学也是在结构主义的基础之上成立的。

列维·斯特劳斯在《野性的思维》等著作中,细心验证了即使是被认为未曾开化和野蛮的少数民族,他们也拥有各自的社会组织。世界的形成并不是精神或者物质单方面的功劳,而是它们相互作用的结果。正如前文中猫的例子,"猫"这一定义不是客观存在的,而是在人对比猫与狗等其他生物的过程中,才逐渐形成了"猫"这一定义。猫本身并不是问题所在,猫和其他动物的关系才是重点。

自然科学领域也有类似情况。**托马斯·库恩**(1922—1996)在《科学革命的结构》一书中提出了在特定的时代中统治者立场上的"范式"(paradigm)概念。从结构的角度来看,在对事物的把握方面,这也可以称之为一种结构主义。

列维·斯特劳斯认为,即使由于民族和地域的不同,会产生各种各样的构造,但在这些构造之中,会存在一种人类的共通点。也就是说,他意识到在所有分别独立被构建起的构造中,存在着一种普遍性的法则。在 21 世纪初,牛脑海绵状病(通称疯牛病)肆虐时,列维·斯特劳斯主张人类应当停止食肉,做素食主义者。理由是,从文化人类学的角度来看,人与动物是近亲关系,肉食在某种意义上是一种食人行为。他认为，人类应该避免吃肉就是适用于所有规则的共通价值观。

而在结构主义基础上兴起的后结构主义主张，人类的智慧活动取决于所处的时代和社会环境，很难总结出普遍性。但是，这一观点颠覆了结构主义一直以来对于真理的认知，这一点有些令人尴尬。

受到商界热捧的结构主义哲学

无论结构主义的本质为何，这种方法论的主要特点是不讨论事物的本质，只求理解事物的结构。因此，商业一线往往采取结构主义这种和本质意义不相干的方法论，这就导致一部分顾问和商人滥用"范式""结构化"等术语，我想大家一定都听到过这些词。虽然哲学的世界晦涩难懂，往往令人敬而远之，但只有结构主义广泛流行于商业领域。

回到之前的话题，日本市场和美国相比处在什么样的状态呢？通过把日本市场结构化并加以分析，或许可以在某种程度上进行推测。结构主义认为，日本从文化方面难以接受上文提到的欧美式的成果报酬，因此这一制度在日本没有得到普及。但无论如何，对这一状况的把握是很有意义的。

然而，为何日本的其他领域采用了欧美范式，却唯独没有采用成果报酬呢？从结构主义的观点分析是无法得出明确答案的。同理，为何时光机理论在日本有效也难以得出真正的答案。要找到答案，仅仅参照普遍的法则而无视特殊的部分是行不通的，在把握状况这一层面，可以使用结构主义的方法论，而到了本质的部分，就需要用唯物论、观念论等进行综合分析。

LEARNING

【范式】

科学史家托马斯·库恩提出的概念。最初指科学领域中在一定时期内作为范本的业绩，后其含义扩展至商业领域，成为一种表示知识方面的结构的一般用语。

悟性高的人和悟性低的人，谁更能赚钱

——存在主义

结构主义是 20 世纪 60 年代兴起的概念，在此之前哲学家**萨特**（1905—1980）提倡的**存在主义**风靡一时。在萨特和列维·斯特劳斯的争论中，萨特败下阵来，结构主义成为主流。然而，萨特的思想也曾经非常流行。在现代哲学的世界里，无论某位哲学家提倡的理念有多崇高，但只要没有人消费其内容，也就没有任何意义。如此高层次的智慧活动，却需要建立在成为大众消费活动的前提下，真是具有讽刺性。

受到结构主义和后结构主义思潮的影响，20 世纪 80 年代的日本诞生了新学院主义。**浅田彰**（1957—）所著的《结构与力量》成为

畅销书中的黑马。当时,虽然有许多学生读了这本书,但是由于书的内容艰涩,大部分读者难以完全理解。如今,当时的读者们已然步入中老年,用时下流行的话说,就属于"悟性高"的类型。前文提到的萨特是高悟性风潮的先驱般的存在。

虽然笔者在描述时带有一些讽刺性的描写,但是悟性高的人的言行在现代社会起着重要的作用。因为在与人交流的层面上,能更好把握市场动向的人更占优势。

高悟性的萨特

存在主义的观点认为,先有了实际存在的事物,才有事物的本质。存在这一概念表示当下的现实中的存在,从广义方面也可以用于解释具体的行为。萨特的同居女友、作家**波伏娃**(1908—1986)从存在主义的观点出发重新审视女性,表示"**一个人不是生而为女人,而是变成女人的**"。也就是说,人类的意识和行为决定一切,没有什么最初就存在的价值观。才华横溢的人能够做出正确的决断和行为,而这些决断和行为决定了事物的本质。真相和我们人类的行为息息相关,因此最重要的就是相信人类的智慧。

萨特主张,知识分子应该积极地为社会问题的解决贡献智慧(社会参与,engagement)。他以身作则,站在示威游行的最前列。在当今时代,无论人的本质如何,积极解决问题的态度是最重要的。相信人的智慧,积极地着手处理问题才是应该的。萨特的存在主义认为人的精神决定物质,从这一角度出发,存在主义属于观念论的范畴。但是,存在主义又认为人类的行动决定精神,也就是说,历史是由人的行为所创造的。只要大部分人拥有正确的思维,人类就能创造出正确的历史。因此,萨特才会推进以知识分子为主体的政治参与。当然,这种观念必然被批评为理想主义和脱离现实。而且,所有的事物是由人类的意识和行为决定,这一观点也容易形成不良的局面。

列维·斯特劳斯从结构主义的角度出发对萨特进行批判并赢过萨特之后,整个哲学就进入了结构主义的时代。但是,人类的整体意识非常重要,这一价值观改头换面之后仍然流传了下来。而这一思想的外在表现形式就是所谓的"高悟性"。

为何推荐商品会滞销

在商界,存在主义和结构主义的对立很常见。当某个项目进展不顺时,结构主义者会查找导致项目不能顺利进行的机制。上文提过经营顾问很喜欢使用结构化和范式等名词。的确,了解事物的结构才是尽快找出对策的捷径。

但仅仅了解结构是不够的,甚至可能完全无法解决问题。即使进行各种市场分析,也往往找不到商品滞销的原因。在这种时候,具有主心骨作用的领导的指示可能会让情况好转。在商业领域流传着一句话,"对于自家销售的产品质量,首先自己要有自信"。如果从意识上进行改革,也许会取得额外成果。

著名的经营领袖,日本电产董事长永手重信擅长 M&A(企业并购，Mergers and Acquisitions)。买下工厂后，他会首先要求对现场进行整理整顿和大扫除。虽然大扫除和工厂的利益看似并无直接关系，但通过彻底的打扫，能够出其不意地提升业绩。这也算是一种存在主义的表现。

组织中的职位和人才的关系也类似于此，企业找不到合适的人才胜任某一职位的实例并不鲜见。然而，很有可能适合这个职位的人才其实就在身边。这是由于人只有意识到自己即将担任重要职务的时候，才有可能变成适合这个职位的人。强烈的积极意识可以影响人的意志。这也是一种存在主义的观点。

然而，从整体出发也可能会导致惨痛的失败。如果在没有解决根本问题的前提下，就直接进行全体的改造，也是无法改善状况的。和前面组织内职位的例子一样，本质上没有能力的人如果站在重要位置，是不能发挥作用的。与其这样做，不如构建一种能让资质平平的人也胜任业务的"体系"，不依靠个人的力量，而是用组织的能力解决问题。

实际上，越是业绩高涨的大企业越倾向于采取这种方式，即使有任何人辞职，也不会对业务产生影响。公司内部的商业模式已经完全体系化了，这正是产生利润的一种结构。我们经常能听说有人在跳槽或者创业时，由于工作职责而无法辞职的案例。虽然这一理由经常被拿来当作不跳槽和创业的借口，但是如果是在大企业工作，这种看法就不太适合了。**大企业的商务模式早已经形成并体系化，其中的工作人员是可以随意更换的**。越是业绩出色的大公司，越不依赖于个人的能力。

LEARNING

【新学院主义】

20 世纪 80 年代出现于日本的思潮。代表人物有浅田彰、中泽新一、栗本慎一郎等作家。该思潮与当时急速发展的大众消费文化密切相关，也有看法认为此思潮只是一种流行。

富人为何爱炫耀名牌

——符号学

受到索绪尔语言学和结构主义的影响，以巴特等人为核心的**符号学**开始兴起。符号学的思维方式非常有助于人理解世界，接下来无妨了解一下。

"人看外表"是哲学世界的常识

富人基本上都带着高级名表，当别人看到他手上昂贵的手表时，就会明白他是个有钱人。用哲学语言表述就是"高级名表是富人的符号"。符号指的是事物、语言和音乐等能够表达特定意义的媒介。虽然高级名表和戴着它的人是否为富豪之间并没有直接的关系，但是人赋予了它"有钱人的象征"这一意义，于是，高级名表就具有了标志富人的特定意义。

在符号学中，高级手表这类对象被称为"能指（signifiant）"，同时，把高级手表所代表的富人这类对象称为"所指（signifié）"。只有能指和所指都具备时，符号的作用才能成立。能指可以是一个词，如果有个商人说"我坐出租车回家"，他有可能会被嘲讽"真有钱"。在这种情况下，"出租车"就是有钱人的符号，坐出租车这句话中的出租车就是能指，而有钱人是所指。

事实上，人的交流在很大程度上被符号学支配着，交际能力强的人经常有意无意地充分灵活运用符号的力量。换句话说，能灵活利用符号学机制的人的成功的几率将大大提升。有一种说法是"人的外表占九成"，这一说法常常引发激烈的争论。有人认为以貌取人非常荒唐，应该从工作能力等方面来评价一个人。围绕这个问题，产生了各种各样的论点。

然而，从符号学的角度出发，看人看外表却是理所当然的。严格来说，决定对人的评价的不是外表，而是符号。在商业领域，存在西装和休闲装两种截然不同的着装方式。自由职业者和 IT 行业从业者大多常穿休闲装，而银行和公务员等工作性质比较严肃的人员基本都穿正装打领带。求职时是否要看着装这一问题也经常引起热议。这种情况下，西装和休闲装就已经被赋予了符号学的意义，这也是用外表评价人的一个依据。不打领带的习惯也是同理，最早是由政府推行的"清凉着装"制度开始，这样做不仅减轻了工作人员的负担，而且留下了一种全新的印象。在政府机关中，根据季节变化，所有人统一换掉领带。从省电和防暑两方面来说，无领带制度都理应全年执行，但是现实却并非如此，这是由于在人们的观念中，完全不打领带也是不行的，究其原因还是因为领带这一物体，是一种被赋予了强烈意义的符号。

配合对方能够提升成交率

这一概念已经普及到生活中的方方面面,发型、说话方式、站姿、店铺选择、文件的写法等都发挥着它们作为符号的作用。人们可以通过对这些符号进行综合评判来找到适合打交道的对象,而优秀的业务员会有意识地选择最让对方安心的沟通符号。

对于性格积极、非黑即白的人,要干脆明确地表明自己的立场;而对优柔寡断的人,不要逼迫他做决定,尽量委婉地说话;当对方是公务员时,要放低音量;而面对蓝领工人时,则要大声说话。**现实情况就是,如果迎合对方行动的话,营业的成交率会飞跃性地提高。**

该理论也可以用来分析人们的言行和世界上的各种现象。近年来,越来越多的人不再大声说话,而且句尾时声音特别小。日语是一种主语次要的目的语,谓语是放在句子最后的,如果句尾声音太小的话对方可能就听不清要表达的意思了。所以,句尾声音太小在日本并不合理,而且随着句尾声音小的人越来越多,这可能会引起社会性的变化。

我们试着用符号学的理论对这一现象进行分析,句尾声音小意味着什么呢? 这并不是黑白分明的人所喜欢的表达方式,所以我们可以推论,优柔寡断的人越来越多了。句尾声音小的说话方式,很可能是表示一种"不强硬的人"的符号,如果能找出为什么人们不喜欢强硬,也许就发现了一个绝佳的商业机会。

另外，日本社会的封闭感也在增强。很多人无意中就开始使用句尾声音变小的说话方式，这种符号，代表着很多人认为表达自我主张是不好的。如果我们能意识到这一点，在遇到这类人时，就不会坐立不安，**而是可以根据分析对方的背景和情况来加以应对。**

一代以内完成财富累积的人喜好新事物

——实用主义

前文中提到的哲学是一种以为了看透事物的本质为目的的非常抽象的学科。其中，抽象地追求事物本质的方式被称为**形而上学**，与此相对，通过现实的感觉和经验去理解事物本质的方式就是**形而下学**。在欧洲，抽象的、形而上学式的方式被认为是高尚的，而在现实中用以解决问题的方式却被看不起。但是，在资本主义高度发达的美国，反而是形而下学这种务实性的哲学更受欢迎。在美国兴起的一系列反形而上学的哲学中，**实用主义**是最为突出的一种。

实用主义的推崇者**皮尔斯**（1839—1914）和同伴们一起创立了"形而上学俱乐部"，构筑了自己的思想。而之所以要取形而上学俱乐部这个名字，正是对高高在上研究形而上学的欧洲哲学的一种讽刺。

了解真理有助于更快获利

比起研究本质，实用主义更加倾向于反复试错来接近真相的方法论。皮尔斯主张，"想要明确某一概念的含义，就要看它能够产生什么样的行为"。有人误以为实用主义就是功利主义，然而事实却并非如此。实用主义只是认为，要接近形而上学所追求的本质，就需要在现实社会中进行摸索尝试。经过多次试错后，即使不大张旗鼓地去追求，也能逐渐接近事物的本质。

商业领域有一个概念叫做 PDCA，它是指改善业务的四个阶段，分别是 PLAN（计划）、DO（实行）、CHECK（评价）和 ACT（改善）。通过这个循环，即使不把商业的本质作为哲学主题来思考，也能了解到商业的本质。这就是一种实用主义的思路。

美国是一个完全商业化的国家，诞生于这个国家的实用主义思维也理所当然地和商业具有密切的关系。因此，掌握了实用主义能够大大提升经济上成功的概率。商业和投资方面的成功人士都具有一些共同点，那就是无论面对怎样的变化，他们都能保持一种平衡感。毕竟在投资界，很少有一种投资方法是可以一直见效的。在商业领域，只要不是牢固稳定，一般存在于社会的事物都在不断变化。**如果不根据这些变化改变做法，即使继续旧有的做法也是难以取得成果的。**

另外，目光短浅、只看眼前的人往往会失败。如果不能贯彻落实明确的策略，就不可能达到经济上的成功。商业和投资方面的成功人士会把这两者巧妙地结合起来，既秉承毫不动摇的态度，又能根据情况的变化灵活改变应对方法,这就是一种绝妙的平衡感。有些人生来就具备这种才能,但是,大多数人是在经商和投资的过程中,自然而然地习得并掌握了这种平衡感。这一部分人虽然自己都未曾意识到,但是他们已经很好地掌握了实用主义的思维方式。

实用主义重视反复试错的过程和结果,当商业方面出现问题时,通过反复试错可以找出解决方法。但是,有时即使想出了解决方法,也弄不明白这个方法是怎么解决问题的。而实用主义认为,只要问题解决了就可以了。实用主义站在一种谦虚的立场上认为,真理并不是随随便便就能发现的。

就算不了解事物的本质,在遇到类似问题时,参考这些经验也许是有助于理解事物本质的。

人生就是实验

完全依赖从试错中得到的解决方法的人会被这种成功的体验束缚,在情况发生变化时,就无法很好地应对。执着于传统型的商务模式,导致陷入商业功能不全的夏普公司就是典型。同时只会见风使舵的人无法把经验总结为自己的东西,认为只要能正常运转就行。正确的做法是,应该在注重实际获得利益的同时,牢记持有寻找真理的谦虚态度。

实用主义思维还能用于新的技术和商业模式。近年来,新技术发展的速度加快,新的服务不断涌现,民宿中介网站爱彼迎(Airbnb)等共享经济、无人机和人工智能等就是代表。对于这些新兴技术，人们会产生一些抵触反应，而这些抵触反应可能会导致错失商机。其实新生事物可能也存在一些缺陷，不断有企业由于不管不顾向一切刚出现的新技术敞开怀抱而走上失败之路。

这种情况下，实用主义的思维方法就派上用场了，比起改良和进步，实用主义更重视过程。**如果注重过程的话，在新兴技术出现时，人们就会勇于去尝试。**在尝试的过程中通过确认该技术的有效性，从而分析是否能够继续使用该技术，如果该技术还存在问题，也能够对其进行修正。在这一系列过程中，人们可以找出新技术中真正有效的部分。一新事物如果一开始就没有缺陷，它也不会成为绝对优秀的事物。只有掌握了这种平衡感，才能无需畏惧变化。

实用主义的源头是美国思想家**爱默生**（1803—1882），他提出**"人生就是一场实验"**。反复的实验会越来越接近真理，即使实验不顺利，我们也能知道这种办法是行不通的，而这些都会成为经验和成果。

如果把人生当作一场实验，就不会过度害怕或者变得神经质。这种思维适用于商业和投资的各种情况。在东想西想之前，先着手行动，去了解，就能取得成果。

LEARNING

【共享经济】

通过网络，把已有的物品和服务向全社会开放共享的经济机制。民宿中介爱彼迎（Airbnb）和出租车中介优步（Uber）就是典型代表。

CULTURES OF CHAPTER 5

● 研究人类本质的哲学对于赚钱很有帮助。

● 有时只看结构更易于理解。

● 某一组织一旦形成了结构,结果就不再依赖于个人。

● 富人有九成能从外表看出来。

● 对于新兴的技术和服务,正确的哲学态度是大胆尝试。

第六章

掌握财富大局并展望未来的历史学

只要了解罗马历史，就能明白一切

——星球大战与罗马帝国

很多富人和企业经营者都具有深厚的历史造诣，这是因为通过学习历史，可以发现人和组织的共通法则。事实上，反观历史不难发现，人类总是重复做着同样的事情。换个角度看，如果在日常生活中就能用历史的眼光去思考问题，就能更加客观地分析自己和他人的行为。成功人士中有很大一部分熟知历史，这在某种程度上是理所当然的。

星球大战与罗马帝国

2015 年 12 月，科幻电影《**星球大战**》系列的最新作《原力觉醒》公映。《原力觉醒》是星战系列的出品方卢卡斯影业被迪士尼收购后的首作,在世界各地进行了声势浩大的宣传,但过多的合作广告片让很多人都感到无所适从。星球大战系列的故事讲述的是邪恶的帝国军和正义的反抗军,乍看之下是非常简单的剧情安排。星球大战的舞台银河共和国就和它的名字一样,是一个共和制的国家。元老院议长达斯·西迪厄斯经过阴谋策划当上了皇帝,建立起独裁帝国,以恢复共和制为目标的反抗军针对帝国势力展开了战斗。熟悉历史的人一看便知,这个故事就是以**罗马帝国**的兴亡为原型的。从共和制到帝国政权的罗马历史贯穿着民主主义的故事,是一部最佳的民主主义教科书。

美国正是参照着罗马的范本建立起来的,星球大战就是这种精神的延续体现。如果能理解罗马的历史,或者星球大战的故事,就能更好地理解商业上的一些根本问题,比如如何壮大繁盛组织,如何处理领导和公正的关系,等等。

凯撒是英雄还是独裁者

众所周知,罗马曾经是共和制国家,共和制是和君主制相对的概念,指的是非君主独裁的体制。当然,民主制就是共和制的一种。共和制时期的罗马有相当于现在国会的元老院(类似贵族院),首领(执政官)的选举流程就是先从元老院中挑出几名候选人,再由市民从这几人中选出首领。执政官是由民意决定的,往往人民会选出两名执政官来避免独裁。**在共和制的罗马时期,独裁是最令人深恶痛绝的**。即使在现代,军事政权等独裁政权也不被看好,这正是民主主义发达的罗马时代流传下来的传统。

　　憎恶独裁，重视意见多样性的共和制罗马，实际上却是一个不统一且贪污横行的社会。前3世纪至前2世纪，和迦太基之间爆发的布匿战争进一步大幅拉开了罗马的贫富差距，罗马国内的政治处在极度动荡之中。而终结这场混乱的就是著名的凯撒。

　　凯撒在军事方面取得了卓越的成果，受到国民的广泛支持，然而罗马是不允许独裁政治的。凯撒下定决心，带领军队冲入罗马市内，以独裁为目的和元老院派展开了内战。西方有一句俗语叫做"渡过卢比孔河"，意为"破釜沉舟"，这一典故就源于凯撒进攻罗马的故事。当时罗马的法律规定军队不允许进入市内，罗马城市和郊外的分界线就是卢比孔河，渡过卢比孔河进入罗马市区是一个成王败寇的选择。如果不能成为英雄，就会被当做政变的主谋处罚。

　　凯撒赢得了内战，对元老院提出自己要成为终身独裁官的要求，而元老院最终同意了。凯撒得到终身独裁权，也就意味着成为事实上的皇帝。虽然凯撒未曾明确自称过皇帝，但自凯撒之后，罗马就开始了独裁的帝国政权。

讽刺的是国家在独裁之下长治久安

　　有一点我们不能忽视，那就是罗马在帝国政权的统治下，的确发展得相当繁荣。帝国政权时代，罗马开始了全球化进程，卡拉卡拉皇帝统治时期，他向罗马所有的自由人赋予了市民权，不论其国籍和出身。当时的罗马涌现了很多出身于附属国的元老院议院成员和皇帝。只要住在罗马，无论是谁都能获得相同的权利保障。

但是,这种繁荣和人权保护都是皇帝独裁政治的结果,上文提到的卡拉卡拉皇帝对政敌毫不留情地肃清。对于民主主义者来说,这实在是件讽刺的事情。凯撒的行为和后来的希特勒逼迫议会通过全权委托法承认自己的独裁者身份的行径基本一致。但是,凯撒却建立起了民主主义者理想中的世界。

美国正是在充分意识到了罗马帝国的这种矛盾之上建立起来的。可能出乎很多人的意料,美国总统其实无权发动战争,发布宣战公告的权力至今仍然由议会(相当于罗马的元老院)掌握。曾经有美国总统为了跳过议会,选择不宣而战的形式直接发动事实上的战争,诸如此类的行政和立法间的权力斗争从来未曾停止过。美国一直苦苦追求在坚持和共和制罗马一致的反独裁主义的同时,实现帝国主义政权下罗马般繁荣而自由的社会制度建构。

星球大战中也对共和制的希望和现实进行了描写,达斯·维德率领的帝国军是一个邪恶的集团,代入罗马的历史中,他们就代表凯撒一方。凯撒是英雄,也是富有才能的政治家,同时,他还是一个人格高尚的人。但是无论如何,他都是一个独裁者。

星战系列第一作中,率领反抗军的是元老院议员的女儿莱娅公主,她性格高傲,不讨人喜欢,并且她的父亲素有贪污渎职的不良名声,而这样的一位名媛,却成了守护民主主义的堡垒。守护民主主义的战斗是非常现实的,也许电影想要告诉我们,这本就不是一件轻而易举的事情。换言之,即使需要付出如此多的努力,打倒独裁仍然是每个人义不容辞的。

无论何种情况下独裁都是不行的

以上的论述为如何实现组织的兴旺和增强领导力这一主题提供了重要的视点。如果一个国家或者组织无法统一，人们就往往会期待出现一个独裁者，像凯撒创建的罗马帝国一样，独裁者的统治之下也有可能出现治世。而当反映民意的系统无法统一时，反而就容易滋生出腐败现象。

要避免独裁，实现民主运营，就需要能意识到民主主义还存在着很多缺点的人来进行管理，其实他们才是民主主义的关键人物。英国首相丘吉尔说过的"民主主义是一种残酷的制度，但它却比其他所有制度都好"也说明了这一点。**对民主主义抱有过高期望，或是单纯地厌恶腐败的人反而容易成为独裁的支持者**。

为了防止这种情况出现，就需要发挥平衡感的作用，这种平衡感，和本书中所谈论的"教养"在很多内容上都是一致的。

LEARNING

【温斯顿·丘吉尔】

活跃于第一次世界大战到第二次世界大战结束后的英国著名政治家，作为首相领导英国参与了第二次世界大战，并发表了关于美苏冷战的著名的"铁幕演说"。作为文学家，他的《第二次世界大战回忆录》荣获诺贝尔文学奖。

依仗权贵者的末路

——奥斯曼帝国的加尼沙里军团

回顾历史,无数王朝出现随后又灭亡。虽然在不同的时代,各国的统治方式多种多样,然而我们不难发现,很多国家之间都存在一些共同的现象,其中之一就是很多皇帝和国王手中都握着一支负责护卫他们的直属军队。

全世界皇帝都有直属军的原因

存在于 14 世纪到 20 世纪初的土耳其奥斯曼王朝在 16 世纪中期,曾经把现在中东到北非和欧洲一部分的领土尽数收为版图,形成了一个巨大的帝国。奥斯曼王朝的皇帝苏丹,就率领着一支著名的皇帝直属军:加尼沙里。

无独有偶,中国的历朝历代除了有常规军队之外,也存在着直属皇帝的禁军(近卫军)。德川幕府也有直接效忠于将军的武士,他们被称为旗本或御家人,二战前的日本也有专门保护天皇的近卫师团。时至今日,伦敦的白金汉宫虽然大部分时间都已成为旅游景点,但仍然配有皇家卫兵(穿红色制服戴黑色帽子),他们和梵蒂冈的瑞士卫兵一样,是直属于国王或教皇的军人。再举一个不太恰当的例子,纳粹德国的希特勒也拥有被称为亲卫队(LSSAH)的直属部队。

那么,为何历朝历代的当权者都拥有直属军队呢?**其原因就**

是,同伴是最不能信任的。

奥斯曼帝国的普通军队是由土耳其人组成的。但是,他们就像江户时代的藩主,皇帝承认他们的领地,代价是他们要向皇帝提供军事力量。因此皇帝和军队之间,实质上是一种契约关系。由于牵扯到经济方面的利益,皇帝就不可能百分之百地信任他们。所以,加尼沙里军团特意从身为异教徒的基督教徒中选拔士兵,让他们改信伊斯兰教并进行彻底的全面培养。也就是说,要把所有障碍因素都排除,培养出绝对忠诚的部下。

各国的直属军和近卫军多多少少都带有一些这样的性质,这也意味着己方的组织才是最需要警惕的对象。在昭和时期的日本,就发生过真实的例子。1936 年 2 月,陆军青年将士发动了叛乱,史称二二六事件。二二六事件是部分陆军青年将士以改造国家为目的发起的政变未遂事件,然而当时在陆军内部却有不少人从心理上同情叛变的将士。昭和天皇为了对付这次叛变,可谓煞费苦心。而叛变的青年将士却无理由地坚信昭和天皇一定会支持他们的行为,于是状况变得更加复杂。

当时,未经手握统帅权的天皇(即最高指挥官)命令就私自调动军队属于重罪,是无论如何都不允许的行为。昭和天皇毅然命令镇压叛变,事态才得到控制。而出动镇压的就是负责保卫天皇的近卫师团。

当权者面临的敌人有两种。**一种是有利益冲突的外部国家,另一种就是同阵营内部可能威胁到自己地位的人。**有时候,内忧比外患更可怕,所以大部分当权者都会建立起一支只对自己效忠的军队。

纲吉改革的灵魂人物

时至今日，这种倾向仍然未改变，并且已经普及到民营企业等国家之外的组织中。除了国务卿、国防部长等阁僚，美国总统还有多名直接为他出谋划策的幕僚。由于阁僚有时会和总统处于对立立场上，所以总统真正的同伴是他的幕僚们。

民营企业也会设有董事长直接管理的经营计划部或董事长办公室，这些部门实际上拥有很大的影响力。在有限公司里，日常事项是由董事会进行决议，但是在董事会成员中，却有不少希望董事长尽快下台的反对派。另外，听从董事长指挥的下属们，也有阳奉阴违的可能性，他们的话也不足以全信。归根结底，董事长能够信任的只有那些直属的员工们。

如果能灵活运用这种直属于最高领导的组织，他们就会成为创造领导力的有力武器。只有直属组织能够把领导的大胆决断进行良好的贯彻实施。而这种作用，在组织之外的其他场合也适用。德川幕府第五代将军纲吉大胆地实行了生类怜悯令和货币改铸（用今天的话来说就是一种通货膨胀政策），而这些政策之所以得以推行，和侧用人（类似于幕僚）柳泽吉保有很大关系。生类怜悯令虽然臭名昭著，但也有观点认为它使战国时代的杀伐之风有所好转，众人对它的评论趋于两极化，对通货膨胀政策的评价也是如此。

当时，这两条政策一经实施就遭遇了相当大的阻力，无疑需要有人来抗住各界的反对之声。而这个人，就是柳泽吉保。

首领直属部下的末路

成为直属当权者的组织中的一员,既有好处也有坏处。

奥斯曼帝国的加尼沙里军团最初是最得圣心的军队,然而这支军队却逐渐出现政治权力化,蛮横残暴地对待民众。它从辅佐皇帝的角色变成了阻碍皇帝统治的存在。最终,加尼沙里军团被废止,其中反抗的士兵被当作讨伐对象遭到肃清。

当今的民营企业中,经营计划部的精英员工发挥着他们的卓越才能。但是一旦领导变更,他们往往就会被降职。代表领导出面的后果,就是招致周围其他有实力的人的怨恨。这种例子一般以领导变更为契机发生。如果一位领导是马基雅维利主义者(践行马基雅维利的著作《君主论》中阐述的权谋招数的人),他就会想办法弱化员工对自己的反感,找一个优秀的人加以重用,员工的不满就会集中到这个人身上,再对其贬职,自己就可以全身而退。

LEARNING

【君主论】

文艺复兴时期的政治思想家、外交官马基雅维利的代表作。该书从现实主义出发,对君主应当具备的素质进行了探讨。后来马基雅维利主义者被用来形容为了达到目的不择手段的人。

解决歧视问题的关键在于金钱

——美国的人种问题和隐秘的宗教史

在社会性质单一的日本，"歧视"这一话题现今已经不再受到热议。产生歧视的原因包括人种、国籍、宗教、性别和年龄等各种各样的因素。社会越是趋于多样化，持有不同价值观的人之间就越容易产生冲突。

人们往往没有意识到这种冲突的本质几乎都存在着金钱问题，并且，解决冲突的方法也是金钱。现代的美国和以前的罗马帝国一样，是拥有最强经济实力和军事实力的霸权国家，也是聚集了多人种的全球化社会。由于价值观不同的人们聚集在一起而产生的问题大部分在美国都已有先例，因此在美国发生的事情，一段时间后多半会在日本重演。所以了解美国社会的动向是非常重要的。下面我们就来看看美国是如何处理人种问题的。

爱尔兰裔和意大利裔的悲哀

美国是个移民国家，包含着多个人种。一谈到美国的人种问题，我们首先就会想到白人和黑人的关系。然而，在美国除了白人和黑人的关系之外，还存在着另一个层面的人种问题，那就是白人人种和宗教的差异。多数情况下人种和宗教的关系是一致的，所以在美国社会，尤其是白人之间，人种和宗教的关系非常明确。美国曾经的中坚力量盎格鲁萨克逊人中的大多数人是新教徒，而来到美国的天主教徒即使在美国生活，也仍然会继续信仰天主教。其中人数最多的就是意大利裔和爱尔兰裔，他们在美国社会中成为格外引人注目的存在。虽然新教和天主教同属基督教派，但是两派间的关系并不好。如今人种已经充分融合了，可是在过去，在政治和经济方面担任要职的绝大部分人都是新教徒，所以意大利裔和爱尔兰裔无法得到好工作，只能成为工人、警察等，无法从事自己理想的工作。在现在的美国警察中，爱尔兰裔和意大利裔的比例仍然很高。

而华盛顿的官僚中却有很多人是爱尔兰裔或意大利裔。这是因为，尽管现在各行各业都采取了不分人种的开明录取体系，但在以前，只有公务员领域内不怎么发生人种歧视，只要是有能力的人就可能被录用。

犯罪集团黑手党最初就是由意大利裔贫民组织起来的。过去，不同的人种之间经济能力差距非常大，黑手党的成立就和人种与宗教有密切的关联。

美国著名演员、传闻要参与总统竞选的克林特·伊斯特伍德于 2004 年执导的电影《百万美元宝贝》在美国引起了很大的争议，因为这部电影中的伊斯特伍德和他过去的形象相去甚远。但在日本人看来，完全不能理解为何美国人会感到吃惊。然而，如果了解美国的宗教背景，就能理解他们为何会如此了。

伊斯特伍德就像他在《警探哈里》系列中表演的那样，是典型的硬汉型演员。他饰演的角色用大型手枪毫不留情地射杀罪犯，是西部电影中的正统派美国人形象。所以在大多数人眼中，伊斯特伍德的形象就是标准的美国人。身为共和党人的演员查尔顿·

赫斯顿虽然担任强烈反对枪支管制的全美步枪协会的会长一职，但在很多美国人的眼中，他的形象也和伊斯特伍德类似。

我们进一步分析，伊斯特伍德有一小部分爱尔兰血统，所以他不断推出描述爱尔兰裔人悲哀生活的作品。而这对于一部分美国人来说简直是当头一棒。虽然人种话题不太好摆上台面来谈，但是在当今的美国社会，人种问题无疑仍是一个重要的主题。

被刺身亡的肯尼迪总统也是爱尔兰裔。他被暗杀的理由至今尚未查明，事件的相关背景在美国仍然被视为禁忌，因为这其中就牵涉到宗教和人种等问题。

市场机制瓦解了奴隶制

美国最早的统治阶层，即信仰新教的盎格鲁萨克逊人不断地把少数派收为己用，从而形成了现在的美国。而促进这种人种融合的原动力就是金钱。最大的人种问题即黑人歧视问题的最终解决，靠的就是市场的力量。

众所周知，解放黑奴的是林肯总统。虽然第一位非洲裔美国总统奥巴马是民主党人，约翰逊政权实施了民权法，崇尚自由的民主党营造了一种积极解决人种歧视问题的形象，但是仔细研究历史我们就会发现对此并不能随意定论，毕竟实现奴隶解放的林肯总统是共和党人。把黑人当作奴隶驱使的主要是南方农场主，而当时美国南部民主党员占多数。反观历史，似乎南北战争结束后才实现了奴隶解放，但也有观点认为，实际上在南北战争刚开始时，奴隶制度就已经瓦解了。

随着美国工业急速发展，各地都需要大量的工人。在过去，奴隶就算逃离了农场，也没有谋生的手段，但是工业化给他们提供了一条出路。对于花重金买下奴隶的奴隶主而言，失去奴隶是非常惨重的损失，因此，越来越多的农场主会给黑人奴隶一些工钱并允许他们自由行动。这样，奴隶制度就从实质上瓦解了。换言之，工业化促进了市场经济的发展，而奴隶制度则失去了作用。

共和党自始至终都由强大的资本家阶级支持。资本家并不希望黑人作为奴隶被束缚在农场里，他们认为解放奴隶，让他们成为劳动者进入劳动市场是更好的选择。共和党出身的总统林肯实现了奴隶解放，这从某种程度上来说是一种必然的结果。

美国男女差异的消减很大程度上也是受市场原理的影响。虽然女性解放运动也推进了这一进程，但最大的原因还是 20 世纪 80 年代里根政权下的宽松政策的实行。企业一旦处于严酷的竞争环境中，就无法按照自己的喜好对员工挑三拣四，这从而大幅促进了女性就业。

美国近年来又出现了人种问题的新动向，急速增长的美籍西班牙移民的影响力波及市场。从中南美洲迁入美国的西班牙移民增加导致某些州的西班牙裔成为主流，美国的电影和电视剧里有越来越多的西班牙裔演员参演，也出现了大量英语和西班牙语的双语网站。市场机制的发达促进了人种的融合。

时代的发展是很快的，在美国首位非裔美国人总统奥巴马的继任者选举中，经过共和党的提名竞争，古巴移民第二代马尔科·卢比奥参与竞选。卢比奥是纯粹的美籍西班牙移民，当然，他也是天主教徒（但曾在双亲影响下改变信仰）。

市场机制促进人种融合,这和前章中罗马帝国的发展如出一辙。

用金钱史观看日本的战争和经济

——日英同盟与日美同盟

近代以来,日本的发展方向基本是在盎格鲁萨克逊民族(英国与美国)的影响下形成的。二战后美国继承了英国世界霸主的地位,这一点到现在也基本没有改变。盎格鲁撒克逊民族和其他国家外交时,采用的是以经济手段为基础,辅以外交政策的方法。

有观点认为,日本在太平洋战争中惨败的原因就是金钱,我相信这一点比较易于理解。

日本的近代化与国际标准密不可分

日本资源匮乏,只能把贸易作为经济基础。今后的日本和美国之间应该构建什么样的关系,将决定日本商业和投资的根基,而历史能起到提示和借鉴的作用。日本通过明治维新实现了现代化,但仍然没有成为完全自立的现代国家,只能从与当时的世界霸主英国的关系中确立自己的地位。

作为日本基础公共交通设施的铁路就是从英国引进技术建成的,军舰等采用的也大多是英国的军事技术,连金本位制的金融设施都是在英国的帮助下成立的。明治时代日本和英国的关系,也许比现在日本和美国的关系还要密切。这种关系在一致对俄的时候变得更加紧密,最终于 1902 年,日本和英国建立了日英同盟。日英同盟是在俄罗斯扩张的背景下,日本和英国结成的军事同盟。

第二次世界大战结束后,针对苏联,日本和美国缔结了《日美安保条约》,这一同盟形成的结构持续至今。现在的日美同盟,和当年的日英同盟非常相似。日本与美国的关系也和日本同英国的关系一样,不仅涵盖政治和安全保障方面,还延伸到金融市场和产业等广泛领域。

据日本教科书记载,日本用在甲午战争中获得的赔款为本金建立起了金本位制。但事实却并非如此,日本其实是按照英国建立的国际标准,把当时的基础货币英镑作为通货,建立起了英镑金本位制。也就是说,从清朝获得的准备金并不是黄金,而是英镑纸币。当时清政府本想用白银支付给日本作为赔款,但是由于清政府大量购入白银导致了白银市场混乱,英国的金融城(相当于现在美国的华尔街)对于白银能否保值表示怀疑,提出了让清政府在伦敦市场发行英镑国债,并把筹措来的英镑纸币交给日本的计划。

日本政府考虑到当时的现实情况,接受了这一计划,清政府把从海外投资家处筹到的英镑存入伦敦金融城的银行。由于当时英镑可以兑换黄金,日本政府就把英镑视同为黄金,从而开始建立金本位制。这和当今时代日本银行以储蓄在华尔街投资银行的美元为基础发行日元的行为是如出一辙的。

通货是以国家威信为背景发行的,然而当时明治政府的领导者比现在更加奉行合理主义和现实主义,他们以国际标准为基准,认为把英镑存在伦敦金融城更有价值。与之相应,在英美两国投资银行的协调下,日俄战争需要的巨额军费(约为当时日本国家预算的 7 倍)全额都从伦敦金融城和美国华尔街筹措而来。英国和美国还在对俄方面全面协助日本,通过民营企业对俄罗斯舰队的物资调配进行干扰活动。日本作为一个弱小的亚洲国家,能够艰难战胜大国俄罗斯,和英美的帮助不无关系。

太平洋战争打响的真正原因是经济

二战后,往日的超级大国英国正在逐渐衰落,美国取而代之成为新的世界霸主。曾经美国和英国一样,把日本视为同伴,日俄战争后对中国"满洲"的经营也是由日美共同进行,但美国曾经提出要和日本共同经营满洲铁路,而被日本拒绝了。也许是因为日本认为美国只出了钱,而日本却付出了流血的代价,所以满洲的权益应该由日本人获得。我们并不知道为何协议的负责人小村寿太郎会如此强硬地反对美方的提议,加之他还是一位通晓国外情况的有为政治家,因此这一行动至今仍然成谜。日本拒绝这一提案,多少对日美关系的恶化产生了影响。

现在回头看就能发现,日本拒绝和美国达成协定成了日美关系改变方向的导火索,对于之后的太平洋战争也产生了很大的影响。实际上,我们可以把以日俄战争的结束作为分界线,之后的日本过度自信,开始与英美对着干。这导致的结果就是日本和英美的关系恶化,最终爆发了太平洋战争。随着太平洋战争结束,日本再次和英美建立起同盟关系,而这一同盟关系的成立,是美国从对抗苏联的立场出发,允许日本回归国际社会,并希望和日本缔结《日美安保条约》的结果。日本在之后的 70 年里发展稳定,《日美安保条约》也产生了和当初的日英同盟相同的作用。

从这个角度出发,日本明治时代开始至今已有百年,这百年内亚太地区的基本情况并没有什么大的变化。日本围绕中国和朝鲜半岛的权益问题,经常和俄罗斯或中国站在利害对立面上,而和英美等霸权国家结盟,也正是出于利益考虑。反观历史,针对中国和朝鲜半岛,只要英美和日本的利害是一致的,日本就能较好地主导事态。如果和英美的关系更加紧密,在全球金融体系方面的合作也会更加顺利,日本就能够享受经济的繁荣。

另外,日本和英美的和谐关系一旦被打破,国家就无法顺利地运行,日本也会被从全球金融体系中驱赶出来,从而陷入经济窘境。太平洋战争时期,日本全部的军费都只能通过日本银行直接发行国债来筹措,这最终导致日本停止石油进口,全国陷入束手无策的境地。

太平洋战争前夕,日本不仅与英美处于对立面,和开始与英美合作的中国也处于对立面,结果就是日本和所有的邻国都成了敌人。如果了解这段历史,就明白日本为什么绝不能再陷入这种情况。

以历史教养为基础来审视国家关系,就会发现日本如果和美国正在提倡的全球化金融体系背道而驰绝非良策。并且,不能只关注中日关系,也要注意中美关系的走向。

2015年达成的TPP(跨太平洋战略经济伙伴协定),对于该协定的理解不能只停留在哪个的业界能赚钱的层面,而要用历史的观点进行分析。

> **LEARNING**
>
> 【金本位制】
>
> 　　以黄金作为货币价值基准的制度。金本位制下货币的发行是由所持黄金量决定的。在这种制度下，虽然通货的信用能够得到保障，但受到金融政策的限制，容易导致市场不稳定。金本位制在现代国家被普遍采用。

为何古代中国能够出手阔绰

——册封体制

　　我们看历史时，不仅要关注美国和日本的关系，也要考虑如何与邻国中国相处。要和中国相处，就需要了解中国是一个什么样的国家，以及未来的发展方向为何。

古代中国的外交基础是册封体制

　　中国的历史非常悠久，而且每个朝代的情况大不相同。虽然三言两语概括一个国家的历史有些粗糙，但是总有一些现象和概念是各个时代共通的。在古代中国，始终贯彻着"册封"这一独特的外交政策。

　　古代中国抱有自己处于世界中心的世界观，因此，中国册封来朝贡的他国统治者为王并承认其统治地位。这种宗主国和朝贡国的关系就是册封。古代中国的册封，是建立在已经统一周边国家的基础之上的。战前日本曾经控制了朝鲜半岛，并把朝鲜合并为了日本的一部分。而古代中国自始至终都维持了和周边国家宗主国和朝贡国的关系，只需要朝贡国来朝，就不会干涉其内政，把朝贡国作为独立的国家看待。

中国人非常骄傲，认为本国是世界中心。只有中国人才能够把中国这块土地发展到如此地步，所以中国人才产生了让周边国家依附于中国的想法。

中国自古以来的中心区域（黄河流域平原）称为中原，这一称呼和外国不同，带有一种文明中心的含义。统治中原的是汉人，周边的国家只能前往朝贡。历代中国王朝都具备强大的军事能力，却几乎没有侵略过周边国家或者进行扩张领土（攻打日本仅仅出现在元朝时期，而当时的元王朝并不是汉人的政权，而是蒙古人的政权）。中国不侵略周边固然是基于对周边国家采取军事镇压需要耗费大量成本的经济合理性考虑，然而也有一定自尊的原因。册封体制下，周边国家进贡的货物，中国都会返还相当于其价值两三倍的赏赐，这体现了上位者对下位者的大方。

CULTURES OF CHAPTER 6

- 独裁偶尔也会很顺利。
- 狂热支持特定当权者的民众是会被兔死狗烹的。
- 无论在哪个国家哪个时代，差距问题就是钱的问题。
- 战争到最后都以金钱告终。
- 古代中国的外交受册封体制的影响。

在本书中，我把人类的思考分为了形而上学和形而下学两种类型，并作出了解释。形而上学就是指抽象的东西，在商业方面的体现就是诸如事业的本质、投资的意义等内容；与此相对的形而下学，就是指该投资哪家公司，什么样的产品即将大卖等内容。

当然，本书的大部分内容是关于形而上学的。虽然笔者自身有创业经验，身为投资家也比任何人都明白现实和实际操作的重要性。但是在本书中，笔者仍然主张抽象的内容是很重要的。为了取得最终的商业胜利，形而上学的智慧是能派上用场的。

我在书中也写到，近几年里，民宿和共享单车等共享经济迅速发展。我相信接下来还会有更多运用了新技术和新概念的商业模式登场。当这些新技术和新服务出现时，人们应该如何应对呢？就这一点，我认为很难回答。为什么呢？因为我们没办法确定新兴技术和新兴服务一定是正确的。所以，重要的是，以什么作为判断标准。

只有形而下学认知的人会找一些形而下学的理由来判断它的

好与坏。比如我没有那种习惯，法律条文里没有相关规定，政府机构认定它不对，等等。但是，真正具有革命性的新技术或新服务大部分都是不会出现在现有的商业习惯和法律体系中的。当一个新的技术或服务出现时，人们常常会围绕着它是否具有反社会的性质进行一番讨论。

在这个节骨眼上，究竟是因为它是个巨大商机而赌一把呢？还是最好不要碰呢？为了能做出合理判断，我们需要形而上学的思考方式。如果你明白了商业的本质，就能帮助你判断，它现在虽然处在法律的灰色地带但是终有一天会被法律允许？抑或是法律已经规定了它不合法呢？

如果你具备了形而上学的教养，它会帮助你更容易理解自己言行举止的变化。

之前我结识了一位刚刚开始创业的活动策划公司的社长。他当时对我说，"我不想成为一个光杆司令"。他说会把员工放在第一位，也不会在办公室里摆社长架子。他认为如果自己这样做的话，公司一定会盈利而且越做越大。然而，三年后，当我再次见到他时，他俨然成了一个彻头彻尾的独裁者。他这次对我说，"这些员工都傻得很"，"又傻又懒，我不骂他们，他们根本不会正经工作"，向我抱怨了一大堆。结果两年后他的公司倒闭了。如果自己开公司的话，可以决定经营方针，当然，独裁也是一种选择。但问题就出在那个社长并没有意识到自己的经营方针已经发生了巨变。

从哲学角度来分析的话，可以说那个社长在起初创业的时候站在了观念论的立场，但是三年后他却变成了一个唯物论者，他本人却没有丝毫察觉。这对于经营者来说是致命的疏忽。对自身的变化没有察觉的经营者或投资者，基本上都会在某个时间点失败。

如果那个社长具备思考事物本质的能力，那么他就能从更客观理性的角度认识到自己的变化，在事态恶化之前采取有效措施补救。教养，能帮助人拥有这种能力。

笔者坚信，拥有教养就是一条无论身处哪个时代哪个行业都能帮助你成功的捷径。我也衷心希望大家能够成为有教养的人，无论是我在书中谈到的这些教养，还是原本意义上的教养，我希望大家都能跟随教养踏上成功的道路。

感谢朝日新闻出版社的佐藤圣一先生为本书出版提供的大力支持。我对佐藤先生敏锐的洞察力和一针见血的评价力十分钦佩。在此深表感谢。

加谷珪一